ro
ro
ro

Was ist Liebe?

Liebe?

Die schönsten Beiträge des Brigitte YOUNG MISS-Wettbewerbs

Was ist Liebe?

Die schönsten Beiträge des
Brigitte YOUNG MISS-Wettbewerbs

**Brigitte
YOUNG MISS**

Rowohlt Taschenbuch Verlag

Redaktion Ralf Schweikart

Originalausgabe
Veröffentlicht im Rowohlt Taschenbuch
Verlag GmbH, Reinbek bei Hamburg,
August 2000
Umschlagfoto Kerstin zu Pan
Umschlaggestaltung Barbara Hanke
Copyright © 2000 by Rowohlt Taschenbuch
Verlag GmbH, Reinbek bei Hamburg
Alle Rechte vorbehalten
Typographie und Layout Christina Modi
Lithographie Grafische Werkstatt
Christian Kreher, Hoisdorf
Satz Photina MT PostScript,
QuarkXPress 4.0
Gesamtherstellung Clausen & Bosse, Leck
Printed in Germany
ISBN 3 499 21147 5

Die Schreibweise entspricht den Regeln
der neuen Rechtschreibung.

Inhalt

KEINE OPELRÜCKBANK MIT HUNDEDECKE 115

DIE ENTEN FAHREN WEG 143

Vorwort

Was ist Liebe?

Das war das Thema des ersten YOUNG MISS-Literatur- und -Fotowettbewerbs. Nie hätten wir mit so vielen Reaktionen auf unseren Aufruf gerechnet. Kaum war der gestartet, erreichten die Redaktion Hunderte von Kurzgeschichten, Gedichten und Fotos. Wochenlang haben wir uns neugierig durch Berge von Post gelesen und durch Stapel von Fotos geguckt. Wir sind begeistert, was euch zu dem Thema eingefallen ist! Vielen, vielen Dank für die wunderbar tiefgründigen und so unterschiedlichen Ideen!
Dieses Buch versammelt die schönsten Beiträge aus dem Wettbewerb.
Viel Spaß beim Lesen und Gucken.
Und beim Träumen ...

Eure
Anne Coppenrath, Chefredakteurin,
und das ganze YOUNG MISS-Team

Das

Darius A. Diekmann

Katharina Bialleck

Erdschaf

Michael Ernst

Katrin Engebrecht

macht mich

Gisela Rameken, Birgit Wudtke

Verena Rainer

irgendwie

Senka R. Sokolović

Nicoletta Müller-Vogg

nervös

Andreas Böhmig

Rebecca Anna Fritsche

Darius A. Diekmann

Ist das Liebe?

Sie schwebt durch den Raum.

Ja, ja, gleich mal mit einem Klischee beginnen, wie uncool … aber nein, nein, das ist kein Klischee. Das ist halt so. Also: Ja, ich brauche mich nicht zu schämen, sie schwebt. Jeder Junge hat das schon mal erlebt. Und so ist Marie. Ich bin mir sicher, sie berührt den Boden nicht, wenn sie durch einen Raum geht. Was faszinierend ist, aber leider nur bis zu dem Punkt, an dem man ernüchtert feststellen muss: Sie berührt auch mich nicht.

Warum nicht? Nur weil ich nicht schwebe, sondern an der Theke lehne? Mit beiden Beinen auf der Erde. Normalsterblich. Ich winkle ein Bein an, hebe den Fuß in die Höhe. Jetzt müsste ich doch wenigstens in die Kategorie «Halbschwebender» fallen.

Jedoch ergeht es mir wie Xavier Naidoo, sie sieht mich nicht. Ärgerlich. Sie schwebt in Zeitlupe an mir vorbei. Magenkrämpfe. Hallo, guck doch mal her. Ihre langen, blonden Haare wehen beim Gehen durch ihr Gesicht, als trüge sie stets einen Ventilator vor sich her. Wie in der Werbung, ein perfekter Augenblick. Evidenz des Gegenwärtigen.

Katharina Bialleck

SMS für dich

*Diese Geschichte beginnt hier und läuft
am unteren Seitenrand …*

Hier auf der so genannten Party läuft irgendein Disco-Heuler, den alle mitsummen. Singen geht nicht, denn für einen ordentlichen Text hat es ja nicht gereicht. Für mich hört sich das im Moment natürlich an wie die zarteste Kuschelrockmelodie. Meine Ohren filtern, Marie versetzt mich in ungeahnte Sphären.

Sie hat mittlerweile den Raum durchquert. Ein Schauspiel, eine Offenbarung.

Das weiß sie, das weiß ich, nur schade, wir kennen uns kaum. Also, ich kenne sie, sie wird mich wohl kaum wieder erkennen. Nicht so eine Frau.

Ich vergesse ihren Namen sicher nie, wir sind uns mal vorgestellt worden, vor Monaten, Jahren, in einem anderen Leben?

Jungen sind da alle gleich. Schöne Mädchen haben schöne Namen, und die vergessen wir einfach nicht. Ich kenne hier in der Stadt bestimmt 100 Frauen, aber wer kennt mich? Marie schon mal nicht, sie hat ihr Ziel erreicht und fällt einem Typen um den Hals. Lederjacke, braun gebrannt. Was macht denn der hier? Dem ist vorhin erst noch die Geltube auf dem Kopf zerplatzt, und jetzt fällt ihm diese Frau in die Arme. Geht's noch?

Meine Kuschelrockmelodie im Ohr springt und verändert sich in Sekunden zu volkstümlichem Gestampfe live aus dem Studio 1 des MDR. Nervend und unnötig. Natürlich ist es eigentlich immer noch dieselbe chartträchtige Tanzmaushymne.

Ich nehme erst mal den Fuß wieder runter. Mit Schweben wird das heute eh nix mehr und sieht vermutlich auch ziemlich scheiße aus.

... durch das gesamte Buch.

Der Song fadet aus, genau wie meine Stimmung. Christina Aguilera wird nachgeschoben. Sie ist ein «Genie in a Bottle». Aha.

Spontanes Glücksgefühl: Marie scheint den Song zu mögen, sie reißt sich von Antonio Banderas junior los und bewegt sich tänzelnd Richtung Dancefloor. Und, das fällt mir sofort auf, Antonio bekommt noch nicht mal den Ansatz eines Abschiedskusses. Genau wie ich. Triumph.

Wäre jetzt auch wohl des Guten zu viel gewesen, wenn Antonio das Genie in a Bottle heute the right way gerubbed hätte. Ob sie weiß, dass I want to be with her, und mir daher klar ist, I got a price to pay?

Wie auch immer, die Vorgabe, mit der das Leben uns für heute per Vorsehung ausgewählt hat, uns zu treffen, uns zu mögen, uns faszinierend zu finden, uns zu küssen und uns eventuell zu heiraten, scheint sie noch nicht durchschaut zu haben. Aber wie das Leben so spielt, bin ich ja da, um sie daran erinnern zu können. Ich stelle mein ohnehin schon lange leeres Glas auf die Theke und bedeute Christian, dass ich mal kurz reingehe. Christian, mit ihm habe ich diese Party aufgesucht, und mit ihm stehe ich seit einiger Zeit schon an der Theke. Nicht, dass wir uns nicht mögen würden, aber wir haben seit geraumer Zeit kein Wort mehr miteinander geredet an dieser Theke, denn er schaut gedankenverloren durch den Saal und sucht die Veranstaltung nach seiner Ex ab.

Sie müsste hier sein, das wissen wir. Und was wir noch wissen: Sie hat ihn vor 11 Tagen mit einem unglaublich innovativen Remix von «Auseinander gelebt, aber lass uns bitte Freunde bleiben» im Regen stehen lassen. Nach zwei Jahren. Frauen.

07.10.   0177/7654321:

TREFFEN WIR UNS ALSO UM 12. ICH BIN DA! VIELE GRÜSSE, SASCHA ----------

Das ist aber nicht mein Problem im Moment, mit einer gescheiterten Beziehung kann ich mich wirklich jetzt nicht auch noch befassen. Ich stehe nämlich vor etwas Neuem, Unfassbarem, Erfüllendem, einem großen Gesamtkunstwerk.

Ich werde Marie ansprechen, und zwar mit adäquaten Worten genauso wie mit meinem Äußeren.

Sie wird entzückt sein, sie wird lächeln, ihre Augen werden glitzern, und ihre Aura wird mich umwerfen.

Ich werde vom Bauch aufwärts spüren, dies ist mein Tag, meine Party, unser Zusammentreffen. Alles wird gut. Nina Ruge wäre stolz.

Nichts ist schöner, aufregender und beruhigender, als zu merken: Die Frau, die man will, fährt auf dich ab.

Es gibt keine Droge, die so euphorisierend wirken würde. Marie als Rauschmittel, interessanter Gedanke. Hoffentlich findet keine Razzia statt, heute.

«Entschuldigung, haben Sie vielleicht etwas Marie dabei?»

«Äh, ja ... warum?»

«Obermeister Becker, Drogenfahndung. Kommen Sie bitte mal mit.»

«Aber ich schwöre, nur zum Eigenbedarf!»

Bei der Frau glaubt mir das eh keiner, na toll.

Ich bin jetzt fast da, also bei ihr. Auf der Tanzfläche. Sie riecht sicher ganz mild, Hugo Woman und Bodylotion oder so was.

Christina Aguilera scheint ihrer Flasche entstiegen zu sein, denn der Song neigt sich dem Ende zu. Jetzt braucht der DJ viel Fingerspitzengefühl, um Marie bei Laune (also bei mir auf der Tanzfläche) zu halten. Wenn der mir jetzt mit Dieter Bohlen die Tour vermasselt ... obwohl, Stichwort Dieter Bohlen.

Vielleicht mache ich es wie er bei Verona und sage zu Marie: «Hast du mal eben Zeit, mich zu heiraten.»

Na ja, oder auch nicht. Die ersten Töne eines neuen Songs erklingen. Der DJ schickt «New York City Boy» ins Rennen. Pet Shop Boys. Noch ist keine negative Reaktion in Form von abnehmender Bewegungsenergie bei Marie zu spüren.

Ich schweife kurz ab und freue mich. Nicht nur, dass ich jetzt 3 : 30 Minuten länger Zeit habe, meine Zukunft entscheidend zu beeinflussen und Marie anzusprechen, auch weil ich mit den Pet Shop Boys aufgewachsen bin. Sie lieferten den Soundtrack zu unseren ersten Partys, zu unseren ersten heimlichen Küssen («Sogar mit Zunge!», was in der 8. Klasse das Prädikat «besonders cool» bekam und dich für einige Wochen zum König der 8. Stufe machte).

Die Mädchen standen damals schon nicht so auf die Pet Shop Boys, eher auf den Dirty-Dancing-Soundtrack, aber das war egal, küssen wollten alle.

Marie aber scheint sie zu mögen. Ein weiteres Argument.

Ich werde heute Abend ihr New-York-City-Boy sein oder meinetwegen ihr Münster-Party-Boy, wer hält sich schon mit solch unbedeutenden Kleinigkeiten auf?

Mir fällt ein, dass ein allein tanzender Typ tendenziell bescheuert aussieht, also tanze ich mich fordernd an sie ran. Die Lage ist O. K., sie tanzt mit zwei Freundinnen. Ich beginne, sie zu betanzen, komme näher. Weicht sie zurück? Guckt sie mich strafend an? Schüttelt sie angewidert den Kopf? Nein, die Sonne geht auf, sie nimmt mich wahr und ... lächelt!!!! Ich tanze den Song neben ihr zu Ende und zähle akribisch mit: 16 Berührungen in knapp 2 Minuten und davon vier sogar nicht nur an den Armen, sondern wie zufällig an Bauch oder

0 1 7 7 / 7 6 5 4 3 2 1 :

WARUM WARST DU NICHT DA? ICH HAB GEWARTET. ES WAR KALT! ----------------------

Hüfte. Erster Punktsieg? Abwarten, es kommt «I want it that way». Ja klar, Backstreet Boys gehen immer. Und ist auch nicht so schlimm, denn Nick Carter ist ja nicht wirklich hier, nur auf CD. Kann also keine Konkurrenz machen, höchstens noch der Westentaschen-Antonio-Banderas von vorhin, aber den sehe ich nirgendwo, der ist wohl abgemeldet. Das ist gut so.

Kurz flackert die Frage auf: Mitsingen, wie Marie es tut, oder glaubt sie dann, ein Typ, der BSB-Texte auswendig mitsingt, ist kein richtiger Mann?

Während ich das noch erörtere, stößt sie mich an. Ich erröte, bin überrumpelt. Sie spricht mich an? Dass ich rot bin, merkt sie doch nicht, oder? Ist doch relativ dunkel hier, nein, glaube nicht.

«Hi, ich bin Marie, und du?»

Sie strahlt und hat bei dieser Frage ihren Tanzstil nicht verändert, nur ihre Gesichtsposition. Sie bewegt sich, wiegt sich zu den BSB. Wenn sie wüsste, I want it auch that way, würde sie mich immer noch so anschauen? Ich antworte aus der Not:

«Dein Traummann!»

Genial. Ich Idiot habe es versiebt. Gleich im ersten Satz. Boris Becker rettete sich ja oftmals erst im Fünften, der hat Zeit genug, alles noch rumzureißen, das Publikum zu begeistern. Doch mein Zug ist wohl abgefahren, heute wird es keinen Grand Slam mehr für mich zu holen geben. Erlegt nach einem Satz, kein Rebreak möglich ...

Sie grinst. Sie grinst? Tatsächlich.

«Und wie heißt du jetzt wirklich? Nur Traummann, und ich muss dich dann mit deiner Bezeichnung anreden?»

07.10.   0177/1234567:

? Hallo? Ich weiß nicht, wer du bist + an wen du schreibst.
Du hast die falsche Tel.-Nr.! -------------

Sie steigt darauf ein. Ich verliere gleich die Kontrolle, bin überwältigt, bin zurück im Match. Ich werde gleich ohnmächtig, oder?

«Alexander.»

Sie nickt und schaut mich an. Ich weiß ja, wie sie heißt, aber sie nicht, dass ich weiß. Ich Depp. Clever. Also schnell nachschieben:

«Und du?»

Sie bewegt sich näher zu mir und beugt sich zu mir hoch. Alarm! Sie berührt beim Ins-Ohr-Sprechen mit vorgehaltener Hand (ja, ja, ziemlich laut hier) mit ihren Lippen zweimal mein Ohrläppchen. Elektroschocks sind nichts dagegen. War das Absicht? Ich bin dadurch jetzt so verwirrt, dass ich den Verstand verliere und nicht mitbekommen habe, was sie gesagt hat. Vermutlich aber ihren Namen, da habe ich Glück, den kenne ich ja schon.

«Aha, Marie. Schöner Name.»

Toller Satz. Ich bin der Gott des Smalltalks. Ich verkaufe mich ja mal so richtig gut. Es ist immer wichtig, dass man humorvoll, interessant und intelligent rüberkommt. Rüberkommen an sich ist ein total wichtiges Element und auch ein so tolles Wort. Ich jedenfalls schieße hier einen Vogel nach dem anderen ab, und wenn ich sie wäre, würde ich jetzt sagen: Schön, dich getroffen zu haben, ciao.

Aber sie sagt:

«Ich kenne dich doch irgendwoher, oder?»

Meint sie? Ach ja, ich bin der Junge, der dich seit fast einer halben Stunde anstarrt.

«So ... woher denn?»

«Weiß auch nicht ... gefällt dir die Musik?»

0177/7654321:

SOLL DAS EIN SCHERZ SEIN, JOHANNA? ----------

Natürlich, das musste ja kommen, Fangfrage. Sage ich nein, bin ich intolerant, sage ich ja, bin ich ein Weichei. Ich:

«Tja, zu Hause gehört das nicht so unbedingt zu meinen Favoriten, aber abends zum Tanzen ...»

Sie war vermutlich schon auf 15 BSB-Konzerten und schläft unter Nick Carters Ganzkörperposter in Lebensgröße an ihrer Wand ein. Sie:

«Ich finde die Musik ehrlich gesagt scheiße.»

???????????????????

Im Geiste stelle ich kurz folgende Überlegung an:

Der Satz des Pythagoras in der Auflösung nach Frauen umgestellt:

Frauen + BSB = Sympathie

Marie + BSB = Scheiße

Folgt:

Marie = Keine Frau?

Diese Rechnung (quasi eine boynomische Formel) geht nicht auf, ist sowieso alles Quatsch, was für einen Schwachsinn fabriziere ich hier eigentlich?

Verwirrt bekomme ich ein halbwegs sicheres «Dann lass uns doch was trinken gehen» hin.

O. K., die Einladung zur Abfuhr wäre also schon mal ausgesprochen, sie muss die Vorlage nur noch verwerten. Zum finalen Todesschuss ansetzen. 1:2 in der 93. Minute, was zum Greifen nah war, in letzter Sekunde verspielt, mein persönliches Barcelona.

Sie lächelt.

«Gräbst du mich vielleicht an?»

Ich muss den Verstand verloren haben, so offensichtlich mit der Tür ins Haus zu fallen. ‹Du, Entschuldigung, ich bin

Ich bin nicht Johanna, sondern heiße Julian! -

der Alex, und wir könnten doch heute Abend küssen, oder?›
Erledigt.

«ICH? Würde ich nie tun. Ich möchte dich doch lediglich
retten. Und damit es da keine Missverständnisse gibt, deinen
Drink zahlst du natürlich auch selber …»

Sie lacht.

«Dann ist das wohl in Ordnung.»

Wir drehen uns um, ich bedeute ihr, vorzugehen. Knigge
lesen zahlt sich irgendwann aus. Ich hoffe, wir begegnen
auch noch einer Tür, die ich ihr dann, ganz der Gentleman,
aufhalten kann. Wir bewegen uns durch die dichte Menge
Richtung Vorraum.

Es ist so eng, sie greift nach meiner Hand, um mich hinter
sich her zu ziehen. Hand in Hand (!!!!!) gehen wir durch den
Raum. Na ja, es ist halt, wie es ist: Ich gehe, sie schwebt. Er-
lebe ich das wirklich? Was man sich in den legendären kühns-
ten Träumen nicht auszumalen getraut hätte, es passiert
manchmal.

Und dann ist man so erschlagen, dass man in einer unwirk-
lichen, halb realen Trance mitschwimmt und nichts so richtig
begreifen kann.

Der DJ versucht, die überkochende Stimmung zu halten,
und lässt nahtlos Take That folgen. Ich bete, dass sie «never
forget», was wir vorhatten, nämlich was trinken, und ihr
nicht plötzlich gewahr wird, dass sie ja alle Take-That-Alben
hat und sich diesen Song nicht entgehen lassen kann, meine
Hand loslässt und auf dem Absatz auf Nimmerwiedersehen
kehrtmacht.

Aber es gibt Tage im Leben, wenige, da fügt sich alles ineinander. Wir erreichen die Bar, sie ist unglaublich. Also Marie,

0177/7654321:

WIESO HAST DU DAS HANDY VON JOHANNA? ---------

nicht die Bar. Sie ist schön, sie ist interessant, sie hat was zu sagen, sie verwirrt mich, ich bin schüchtern, ich bin gehemmt, ich denke zu viel nach. Sie ist eine Frau, die Ironie verstehen kann und bei halb ernsthaften Nonsensgesprächen die Doppeldeutigkeiten nicht nur erkennen kann, sondern mit barer Münze zurückzahlt. Sie liest mehr zwischen meinen Zeilen, als ich glaubte, dort versteckt zu haben, und verblüfft mit jedem Satz aufs Neue. Wir sitzen 3 Stunden dort, wir langweilen uns keine Minute. Es wären auch 10 Stunden gewesen, aber ein großer Schrank mit «Security»-Jackett macht uns irgendwann darauf aufmerksam, dass hier um fünf Uhr Schluss ist.

Wir tauschen Nummern aus. Ich bringe sie zu einem Taxi, sie schaut mir lange in die Augen, umarmt mich und fragt, ob ich sie morgen anrufe.

Diesmal bin ich derjenige, der schwebt. Ich schwebe nach Hause, schwebe in mein Bett und genieße dieses Gefühl, dass alles in der Schwebe ist, aber auf das Gute hin ausgerichtet.

Wir werden morgen telefonieren, lange reden, uns gut verstehen, uns vielleicht treffen und eventuell sogar küssen. Das wird eine Woche gut gehen, einen Monat oder ein Jahr, wer weiß das schon.

Was ich weiß, ist:

Das könnte Liebe sein, denn Liebe ist immer etwas, das vor einem liegt.

07.10.   0177/1234567:

Ich habe mein Handy. Du hast die falsche Nr.!!! ------------------
----

FOTOS VON *Michael Ernst*

09.10.   0177/7654321:

HALLO! HATTE TATSÄCHLICH DIE FALSCHE NR. GESPEICHERT!
NA JA, HABE DAS HANDY NOCH NICHT SO LANGE. --------

09.10.   0177/1234567:

Macht nichts. Schade eigentlich, dass es nur ein Versehen war.

0177/7654321:

WIESO? ----------

Katrin Engebrecht

What's love got to do with it?

Madeleine fummelte nervös am Kragen ihres Rollis. Maik beobachtete es gebannt. Immer fummelte sie am Kragen herum. Oder zupfte nicht vorhandene Fäden und Härchen von ihrer Kleidung. Maik dachte nach.

Seit 6 Monaten. Fast jeden Tag. Nervöses Fummeln am Pulli und T-Shirt. Maik betrachtete Madeleines Gesicht und rutschte jetzt auch ein wenig nervös auf seinem Stuhl hin und her. Madeleine hatte diese Mandelaugen. Im Physikunterricht hatten sie sich ihm in den Rücken gebohrt, er hatte es jedes Mal genau gespürt.

«Kannst du unauffällig gucken, ob sie mich ansieht?», hatte er zu Thorben geflüstert und etwas nervös geblinzelt.

«Ja, tut sie!», hatte Thorben zurückgeflüstert und verschwörerisch gegrinst.

Wenn Maik sie auf dem Schulhof gesehen hatte, war er immer betont lässig an ihr vorbeigegangen und hatte irgendetwas total Cooles gesagt wie: «Hey, alles klar bei dir, Madeleine?»

Sie hatte jedes Mal gelächelt und die Mandelaugen niedergeschlagen und nervös an dem obersten Knopf ihrer Jacke herumgenestelt. Maik erinnerte sich, wie süß er das fand.

Vor 6 Monaten hatte er verträumt in ihre Mandelaugen geblickt und «Ich hab dich lieb» gemurmelt – während sie nervös am Ärmel ihres Lieblingspullis herumgezupft hatte.

09.10.   0177/1234567:

Ich kriege nie SMS. Kaum jemand, den ich kenne, hat ein Handy! --------

Maik blinzelte. Ihm fielen tausend Gelegenheiten ein, bei denen sie an irgendetwas fummelte. Als sie das erste Mal im Kino waren. Als Thorben und er diese Riesenfete gemacht hatten und Madeleine natürlich eingeladen war und er sie ansprach und sie die ganze Zeit versucht hatte, einen Faden, der aus dem Saum ihres Pullis hing, abzureißen.

Und jetzt waren es 6 Monate später. Er saß ihr hier gegenüber, ihr Kaffee war schon kalt geworden, und sie fummelte an ihrem Kragen. Madeleine hatte ihn hierher eingeladen, mal wieder etwas allein sein und reden, hatte sie gesagt, und das fand Maik ja gut. Die letzte Zeit war voll gestopft mit Partys gewesen, sie hatten gar keine Zeit für sich gehabt. Aber jetzt saß sie hier und schwieg seit einer halben Stunde und zipfelte am Kragen und strich den Rock glatt und zupfte imaginäre Haare vom Pullover.

Maik seufzte. Es war ja nicht so, dass er wirklich genervt war. Er fand sie so wunderschön, und jedes Mal, wenn sie lachte, hatte er das Gefühl, sein Herz krampfte sich zusammen und er müsste sie schnell in die Arme nehmen – um das Lachen festzuhalten oder um sicher zu sein, dass es sie wirklich gab.

Aber er verstand es nicht. Und es machte ihn irgendwie nervös. Er hätte ihr am liebsten gesagt, dass da keine Haare auf ihrem Pullover sind oder ihre Hand in seine genommen und festgehalten, damit sie endlich einmal still hielt.

«Duu?!», sagte Maik jetzt lang gezogen.

Madeleine blickte auf. Sie hatte ihre Kaffeetasse geleert und sah ihn an. Maik schluckte. Ihre Augen waren von faszinierender Tiefe.

«Sag mal, warum machst du das?»

Maik deutete mit dem Kopf in Richtung des Rollkragens. Madeleine ließ die Hand fallen und sah ihn an.

«Was meinst du?», fragte sie verunsichert.

«Na ja, dieses ... Gefiddele!» Er begann mit den Fingern am Kragen seines Hemdes zu zupfen.

«Ich meine, was soll das, wieso machst du das dauernd?»

Madeleine antwortete nicht.

«Allen fällt das auf, weißt du. Ich meine ja bloß. Du bist immer so ... so nervös.» Er sah sie aufmerksam an. Ihr Gesicht war wie eine undurchdringliche Maske. Sie blickte stumm und ernst in seine Richtung, aber sie sah ihn nicht wirklich an. Er bemerkte, dass sie die Falte ihres Rockes beinahe hingebungsvoll knickte.

«Madeleine», sagte er jetzt ein wenig sanfter, «es ist ja nicht wirklich schlimm ... es ist nur so ... wenn man mit dir redet ... man sieht dich immerzu an etwas fummeln und, na ja, es macht die anderen auch nervös.»

Er sah, wie Madeleine rot wurde. Sie blickte auf den Tisch.

Er fühlte sich wie ein Idiot.

Madeleines Hand glitt an der Knopfleiste ihrer Jeansjacke auf und ab. Sie sah ihn immer noch nicht wieder an, und er hätte wetten können, dass sie dem Weinen nahe war.

Maik blinzelte nervös. Dass er sie zum Weinen gebracht hatte, tat ihm Leid. Er fühlte sich wahnsinnig hilflos.

«Warum sagst du das?», brachte sie schließlich leise hervor.

Maik blinzelte erneut. Er wusste es nicht. Er wusste nicht mal mehr, warum er davon angefangen hatte.

Madeleine sah jetzt auf, und sie hatte tatsächlich Tränen

09.10.   0177/1234567:

Na ja, es ist ziemlich teuer. ---------------

in den Augen. Maik sah sie ein bisschen verzweifelt an. Die Tatsache, dass er sie zum Weinen gebracht hatte, traf ihn. Doch noch mehr traf ihn die Erkenntnis, dass es so sinnlos gewesen war.

Madeleine schluckte und fummelte noch immer an der Knopfleiste.

Dann ließ sie die Hand abrupt fallen und sagte mit fester Stimme: «Ich sag dir ja auch nicht jedes Mal, wenn du so blinzelst!»

Sie kniff die Augen rhythmisch zusammen. Maik musste lächeln.

Ihre Mandelaugen bohrten sich in seine. Und jetzt lächelte sie auch – und sah so unglaublich süß aus.

Maik stand auf und ging um den Tisch herum. Er nahm ihre beiden Hände in seine und drückte sie.

«Macht dich denn irgendwas nervös?», fragte er leise.

Madeleine sah ihn mit großen Augen an.

«Du!», sagte sie lächelnd und küsste ihn.

0 1 7 7 / 7 6 5 4 3 2 1 :

ICH JOBBE NEBENHER, DA KOMMT MANCHES ZUSAMMEN.
MUSS LOS, CIAO. -------

FOTOS VON *Gisela Rameken, Birgit Wudtke*

Verena Rainer

Nichts

Ich sah nach oben
ich sah nach unten
ich sah nach rechts
ich sah nach links
ich sah ihn an
er sah mich an
er sah nach oben
er sah nach unten
er sah nach rechts
er sah nach links
wir sahen uns an
alles schien zeitlos und
nichts war begrenzt
nichts war oben
nichts war unten
nichts war rechts
nichts war links

09.10.   0177/1234567:

Tschüs! ---------

FOTO VON *Senka R. Sokolović*

12.10.   0177/1234567:

Viele Grüße von Julian. ------------------------

Nicoletta Müller-Vogg

Eine Tasse heiße Schokolade

Es war einer dieser Samstage vor Weihnachten, an denen man alle Welt in der Fußgängerzone trifft und statt einer Stunde drei braucht, um alles zu erledigen. Der letzte Samstag vor Weihnachten. An dem man sich jedes Jahr fragt, wieso man seine Weihnachtsgeschenke nicht schon vor Wochen besorgt hat, und sich vor lauter Freundlichkeit wie ein Zuckerguss vorkommt.

Als ich auf dem Weg nach Hause schon wieder hinter mir meinen Namen hörte, drehte ich mich dann auch so langsam herum, dass ich sicher sein konnte, meinen genervten Ausdruck unter einem freundlichen versteckt zu haben. Erst erkannte ich niemanden und wollte schon weitergehen, als ich eine Hand auf meinem Arm spürte. «Patrick – was machst du denn hier?» Zum ersten Mal an diesem Morgen freute ich mich wirklich. Patrick, mein bester Freund, war im Sommer zum Studieren nach Heidelberg gegangen und hatte unserem letzten Telefonat nach eigentlich vorgehabt, erst an Weihnachten nach Hause zu kommen.

«Eine leer gefegte Studentenstadt ist nun mal nicht gerade der weihnachtlichste Ort, und außerdem wollte ich etwas mehr Zeit haben, euch alle zu sehen.» Während ich mich aus seiner Umarmung löste, schaute ich ihn mit gespielter Entrüstung an. «Euch alle? Und ich dachte schon, du hättest es ohne mich nicht mehr ausgehalten.»

0 1 7 7 / 7 6 5 4 3 2 1 :

HALLO! WUSSTE ERST GAR NICHT, WER DU BIST! WIE
KRIEGST DU DENN DIE KLEINEN BUCHSTABEN HIN? --------

Patrick und ich kannten uns seit einer halben Ewigkeit – zumindest seitdem ich vor zehn Jahren mit meinen Eltern hierher gezogen war, aber so richtig angefreundet haben wir uns erst vor zwei, drei Jahren, als wir durch das Schulorchester mehr miteinander zu tun hatten. Auch als er vor eineinhalb Jahren nach dem Abitur weggegangen ist, erst zum Bund und jetzt zum Studieren, und ich damals noch zwei lange Jahre Schule vor mir hatte, hat unsere Freundschaft gehalten. Patrick ist für mich jemand, der mich viel zu gut kennt, oft besser als ich mich selber, bei dem ich keine Maske brauche, bei dem ich einfach ich sein kann, bei dem ich mich immer ausweinen kann, dem ich vertraue, mit dem ich lachen kann, bei dem ich mich geborgen fühle – jemand, der immer für mich da ist.

Heute Vormittag hatten wir nach einer halben Stunde beide noch so viel zu erzählen und waren gleichzeitig schon so durchgefroren, dass wir uns auf einen Kaffee verabredeten. Wie früher – Patrick würde mich abholen, wir würden ewig diskutieren, in welches Café wir gehen sollten, um dann doch in demselben wie sonst zu landen. Bestimmt auch, weil man dort mit einer heißen Schokolade – so schön altmodisch in einer großen weißen Tasse – den ganzen Tag über sitzen kann.

Bei einem letzten Blick in den Spiegel, bevor ich meinen Mantel anzog, sah ich in meinen Augen etwas, das mich zwang, noch einmal hinzuschauen. Die leise Hoffnung, dass Patrick in mir vielleicht doch mehr sah als eine gute Freundin, dass er sich in mich verliebt habe. Ich hatte gedacht, ich wäre darüber hinweg. Vor einem Sommer hatte ich mir selber eingestehen müssen, dass Patrick für mich mehr war als ein Freund, aber da er seit demselben Sommer eine Freundin hat, habe ich mehr oder weniger erfolgreich versucht, meine Ge-

12.10.   0177/1234567:

Das geht sicher bei jedem anders. Ich drücke auf den Knopf unten links, dann ist es automatisch klein. -----

fühle zu ignorieren. Und außerdem … ich musste blinzeln, und danach verschwand, was auch immer ich gesehen hatte, aus meinen Augen. Bevor ich den Gedanken weiterdenken konnte, klingelte es.

Einige Stunden später saßen wir immer noch zusammen an einem kleinen Tisch in dem üblichen Café mit zwei leeren weißen Tassen vor uns. Es hatte richtig gut getan, mal wieder über alles und nichts und alles dazwischen reden zu können, ein bisschen zu philosophieren, zu lachen und sich einfach fallen zu lassen. Auf dem Weg nach Hause sind wir noch über den Weihnachtsmarkt in der Altstadt gebummelt. Obwohl es der Abend vor dem vierten Advent war und eigentlich perfekt dafür, war es erstaunlich leer. Vor uns auf einem kleinen Platz stand eines dieser altmodischen, zweistöckigen Karussells, die ich als kleines Kind so geliebt hatte. Mit der Bemerkung, meine Augen glänzten wie die einer Dreijährigen, kaufte Patrick zwei Billetts und drückte mir eins in die Hand.

Nach der Fahrt, die fast noch schöner war als die, die ich von früher in Erinnerung hatte, haben wir uns abseits von all den Ständen auf eine kleine Mauer gesetzt. Wir haben kaum noch gesprochen, und nach dem durchgelachten Nachmittag im Café kam mir die Stille fast unheimlich vor. Es hatte gerade angefangen, leise zu schneien, und ich wollte schon vorschlagen, allmählich weiterzugehen – schließlich hatte ich nicht vorgehabt, mir den Tod zu holen –, als ich merkte, dass Patrick noch etwas sagen wollte. Und so wie er sich durch die Haare fuhr und nicht wusste, was er mit seinen Händen machen sollte, schien es etwas Wichtiges zu sein. Ich war dann aber doch mehr als nur etwas erstaunt, als er unsicher fragte, ob ich denn wüsste, wie wir zueinander stünden. Ich

0177/7654321:

Hey, es klapt auch bei mir. Danke. Ist aber ganz schön umständlich. --------

erinnerte mich an meinen Blick in den Spiegel und schüttelte den Kopf. «Angeblich sind wir nur gute Freunde – du bist
eigentlich so gut wie mit Burkhard zusammen und ich seit
einem Jahr mit Julia. Aber jedes Mal, wenn ich dich sehe …»

Burkhard, der mich gestern gefragt hat, ob ich Silvester zusammen mit ihm in Berlin feiern möchte, wo seine Schwester
studiert. Der mich, als ich ihm zugesagt habe, geküsst hat.
Von dem ich Patrick noch heute Morgen erzählt hatte. Mit
dem ich gestern im selben Café am selben Tisch wie heute mit
Patrick gesessen habe. Bei dem ich mich auf andere Weise
und dennoch genauso verstanden fühle. In den ich mich nach
dem Sommer verliebt habe. Zumindest, wenn man meinem
Tagebuch glauben kann.

«… scheine ich mir zu wünschen, dass du und ich … Dass
das, was ich früher mal gehofft habe, doch mal sein könnte.»

«Du warst mal in mich verliebt?», fragte ich ungläubig. Auf
sein stummes Nicken hin sprach ich weiter: «Ich auch in dich
– wieso …», brach ich ab. Ich wusste nicht, wie ich es aus-
drücken sollte, dass ich nicht verstand, wieso keiner von uns
sich getraut hatte, den anderen auf seine Gefühle anzusprechen. Patrick verstand auch so, was ich fragen wollte.

«Vielleicht, weil wir beide Angst hatten, dem anderen, uns
selbst, unsere Gefühle einzugestehen.»

Ich schaute Patrick offen ins Gesicht – soweit das im Schein
einer einzigen, alten, schmiedeeisernen Straßenlaterne bei
Schneefall möglich ist. Auch wenn ich nicht genau wusste,
was ich für ihn empfand, dachte ich an Burkhard, an Julia, die
mir sympathisch war, obwohl ich sie nicht gut kannte, und an
unsere Freundschaft, die viel enger war, als eine Beziehung
zwischen uns es je hätte sein können. Irgendwie fand ich

1 2 . 1 0 .   0 1 7 7 / 1 2 3 4 5 6 7 :

Wie heißt du? -----------

Worte für etwas, das ich selbst erst verstand, als ich es sagte. Dennoch weiß ich nicht, ob ich mir selber glaubte. «Ich denke, das, was du für mich scheinbar empfindest, wenn wir uns treffen, das ist eher die Erinnerung – und bei mir auch. Die Erinnerung an das, was zwischen uns möglich gewesen wäre, an das, was wir füreinander gefühlt haben, an das, was wir beide mal gehofft haben. Du liebst Julia und ich –», ich stockte und gestand mir ein, was ich wohl schon eine ganze Weile fühlte, «ich liebe Burkhard. Nur kommen die Erinnerungen immer dann hoch, wenn wir uns sehen.»

Bevor Patrick mich in seine Arme nahm, sah ich in seinen Augen Tränen – Tränen, wie ich sie selber auf meinem Gesicht spürte. Sich eingestehen zu müssen, aus eigener Unsicherheit eine Chance verpasst zu haben, tut weh – auch wenn man angeblich noch das ganze Leben vor sich hat. Ich weiß nicht, wie lange wir uns umarmt haben, aber irgendwann fing ich vor Kälte an zu zittern. Als wir aufstanden, wischte Patrick mir eine Träne weg und meinte leise: «Ich liebe dich.» Ich drückte seine Hand. «Ich liebe dich auch.»

Wir gingen langsam über den Weihnachtsmarkt zurück. Als wir wieder vor dem Karussell standen, schauten wir schweigend eine Weile den kleinen Kindern zu, deren Augen vor Freude und auch Kälte bestimmt noch mehr glänzten als meine vorhin. Um warm zu werden, teilten wir uns dabei eine heiße Schokolade – zwar ohne Sahne, dafür aber richtig heiß. Während ich die Tasse zurückgab, hatte Patrick nochmal zwei Billetts gekauft. Als wir Hand in Hand auf das Karussell zurannten, um noch zwei Plätze zu bekommen, sah ich den Schnee, den wir aufwirbelten, und setzte in Gedanken hinzu: «Als Freund.»

0177/7654321:

Sascha. Und du Julian, weiß ich schon. -------

FOTO VON *Andreas Böhmig*

Rebecca Anna Fritsche

Die Popcorntüte

Montagmorgen, Erdkunde. Ich gucke aus dem Fenster. Zwei Fünftklässler kicken im Hof. Die Glücklichen. Mit zehn ist das Leben unkompliziert. Später ist es das reinste Trauerspiel. Plötzlich erscheint Micha und geht an den Kleinen vorbei. Ich will winken und schreien und jubeln, alles auf einmal, aber ich sitze nur da und starre ihm hinterher.

«Das nennt man auch den *big bang*», sagt die Lehrerin. Aber sie spricht nur von der Entstehung der Erde.

In der Pause suche ich erfolglos die Schule nach ihm ab. Irgendwann lande ich vor dem Jungenklo und glotze die Tür an. Ein Typ kommt raus. Hinter ihm steht ein zweiter Typ und pisst. Wir gaffen uns an. Ich renne weg und bleibe erst draußen an der Straße stehen. Gegenüber bezieht eine Frau mit blauer Schürze am offenen Fenster die Betten. Micha hatte mal ein Shirt in derselben Farbe an.

«Hi!»

Ich drehe mich um. Oh, Gott. Oh, Gooooooott. «Äh – hi!»

Er grinst und fragt: «Wie geht's?»

«Gut. Was machst du hier?» Er geht nämlich gar nicht auf meine Schule.

«Ich besuche meine Kumpels», antwortet er. «Weil ich erst nachher Unterricht habe.»

«Ich wusste gar nicht, dass du hier so viele Leute kennst», sage ich.

12.10.   0177/1234567:

Gehst du zur Schule, oder was machst du so? ----------

Er guckt verlegen weg. «Tu ich eigentlich auch nicht.» Er beginnt rasch von seinem letzten Angelausflug zu erzählen. «Und dann habe ich mein Handöfchen genommen ...»

«Dein Handöfchen?»

«Ja, es gibt ganz kleine Öfchen, die steckst du in deine Handschuhe, damit du keine kalten Hände kriegst ...»

Ich starre ihn an und habe keine Ahnung, wovon er redet, aber das macht nichts. Irgendwie.

Die ganze Woche über schwebe ich in höheren Sphären. Freitags will ich ihn anrufen, traue mich nicht und rufe doch an. Seine Mutter teilt mir mit, dass er nicht da ist, sie ihm aber ausrichten wird, er solle mich zurückrufen. Gleich darauf klingelt das Telefon. «Hi, hier ist Micha.»

«Ah, ja – hallo!»

«Meine Mutter hat gesagt, du hast angerufen.»

«Ich wollte fragen, ob du am Samstag schon was vorhast ...?»

«Ähm – da ist so eine Party.»

«Ach so.» Ich gebe mir alle Mühe, aber ich klinge trotzdem enttäuscht.

«Willst du mitkommen?», fragt er da.

«Ich weiß nicht.» Ich weiß es wirklich nicht.

«Ich hole dich ab, um sieben. Willst du?»

«Ja.» Und wie ich plötzlich will.

«Okay, dann bis morgen. Mach's gut.»

«Du auch.» Ich mache mir vor Freude fast in die Hose.

Samstagabend bin ich das personifizierte Chaos. Es klingelt. Baby, I am ready to go. Okay, ganz ruhig, tief durchatmen, zur Tür gehen, o Gott – «Hi!» – Himmel, sieht er gut aus. Er hat nie einen *bad hair day* und auch keine Tage, an denen nicht

Ich studiere im ersten Semester. Jura. --------

nur die Haare *bad* sind, sondern alles, Laune, Wetter, Pausenbrot, Liebesleben. Na, das sowieso.

«Hi», sagt er und grinst. «Alles klar?»

«J-ja.»

Er grinst wieder und sagt: «Siehst gut aus.»

Ich schwebe und stottere herum. Aber er lächelt. Perfekt.

Die Party ist doof. Entgegen Michas Ankündigung kenne ich niemanden außer ihm, aber man muss die dort Anwesenden auch gar nicht kennen. Die eine Hälfte ist besoffen bis zum Umfallen, die andere bildet die Zielgruppe für «Bravo»-Psychotests: «Wie gut bist du im Bett?» Oder auch: «Warum bist du so doof, dass du diesen Test machst?» Micha sieht sich um, wirft einen Blick auf mich und sagt: «Komm mit.» Dann stehen wir in der Küche, weit weg vom Partylärm, und trinken Bacardi-Kirsch. Ich starre ihn an und versuche mich in Telepathie. *Tu doch endlich was, du Götterknabe! Wir sind füreinander bestimmt, ich weiß es!* Er guckt mich an. Herzklopfen. Er ist auf einmal ganz nah bei mir, beugt sich vor, und ich denke, ja, das ist es, das wird mein erster Kuss, nein, *unser* erster Kuss, nun mach schon, Micha, mach schon. Er schaut mir in die Augen. Mein Herz hämmert wie blöd. Dann streckt er den Arm aus und greift nach der Colaflasche hinter mir. Ich seufze. Er trinkt Cola und fängt an, darüber zu sinnieren, auf wie viele verschiedene Arten man Walzer tanzen kann.

Um Mitternacht fährt er mich heim. Mir ist nach Schreien zumute. Das Radio dudelt.

«Findest du das Lied nicht auch gut?», sagt er lahm. «Guter Text, nicht?»

«Mhm.» Der Text ist scheiße. Britney Spears eignet sich nur zu ekstatischen Körperzuckungen, zu sonst nichts.

12.10.　　0177/1234567:

Oh, beeindruckend. Ich mache Zivildienst. ──────────

«Das erste von ihr war auch gut», versucht er es wieder.

«Hm.» Hit me, Baby, one more time. Hit me, Micha, one more time.

«Die ist Amerikanerin, oder?»

«Weiß ich nicht.» Mein erster Satz mit mehr als zwei Wörtern, seit wir eingestiegen sind.

Er hält vor meinem Haus.

«Ja, dann. Telefonieren wir mal?»

«Ah, ja. Ja, klar. Ja, ja.»

«Gute Nacht», sagt er und lächelt so süß, dass ich auf der Stelle tot umfallen möchte. Kann man so oft aneinander vorbeireden und trotzdem verliebt sein?

Montagmorgen, 7.47 Uhr. Manchmal denke ich, ich bin nicht normal. Aber was ist schon normal in einer Welt mit Jungs wie *ihm*? Der Lehrer verteilt Kopien.

«Für jedes eins», sagt er.

«Für jedes?», fragen wir.

«Ja, für jedes Kind», antwortet er und strahlt.

Kind? Mann, ich bin siebzehn Jahre alt!!!

Die ganze Woche lang rufe ich ihn nicht an, weil ich außer Kontrolle geraten werde, wenn er in meine Nähe kommt. Am Freitagabend ruft er an und fragt, ob ich Lust auf Kino hätte. Am Samstag fahren wir ins Kino. Er kauft Karten und Popcorn. Wir sitzen auf unseren Plätzen. Mein Blick fällt auf den Aufdruck der Popcorntüte. «MIT DIESER TÜTE POPCORN ERHALTEN SIE 1 KUSS GRATIS. WENDEN SIE SICH BITTE AN IHREN SITZNACHBARN.» O Gott. Ich merke, dass er es auch gelesen hat. Ich grinse ihn nervös an. Er grinst nervös zurück. Ich versuche zu lachen. «Haha, haha.» Er auch. «Ha, haha, hah.» Ich werde immer nervöser. «Hihi-

0177/7654321:

Armer Kerl. Ich muss jetzt Schluss machen + lernen. -------------
----

haha.» Er rutscht auf seinem Sitz hin und her. «Hahaha-haaaah.»

O Gott, denke ich. Get me out of here!

Wir schweigen uns unproduktiv an, später fährt er mich heim, sagt, wir telefonieren, und ist weg. Ich gehe ins Bett und heule vor lauter Frustration.

Am Montag verstecke ich mich in der ersten Pause im Mief des Mädchenklos. Er ist sicher nicht da, aber ich will nichts riskieren. Meine Klotür schließt nicht richtig. Als sie es tut, kriege ich sie fast nicht mehr auf, super, so stelle ich mir das Leben vor. Vor dem Spiegel bemalen ein paar Laufsteganwärterinnen diverse Stellen ihres Gesichts. Hinter ihnen entdecke ich mich selbst im Spiegel, klein und unbedeutend, blass und mit verschmierter Wimperntusche. Ich hab doch nicht geheult, ohne dass ich es gemerkt hab? Es klingelt. Geschafft.

In der zweiten Pause muss ich wohl oder übel durch die Halle laufen, um zum nächsten Klassenzimmer zu kommen. Da steht er. Das darf ja wohl nicht wahr sein. Hat der nichts Besseres zu tun, als dauernd an fremden Schulen herumzuhängen? Er sieht mich. Oh, Scheiße. Schnell weg. Ich kann jetzt nicht mit ihm reden, als ob nichts wäre. Ich renne raus. An der Tür begegnet mir der Typ, den ich auf dem Jungenklo gesehen habe. Auch das noch. Micha kommt hinter mir her. Das ist doch nicht die Möglichkeit. Ich renne bis zur Straße. Wenn ich ganz schnell bin, kann ich außen herumlaufen und durch den Seiteneingang wieder rein –

«Kati!»

Ich halte widerwillig an. Cool bleiben. Locker-flockig.

«Wieso rennst du denn weg?»

«Ich renne doch gar nicht weg.»

12.10. (abends)   0177/1234567:

Genug gelernt? ----------------

Micha guckt komisch. «Wieso renne ich dann hinter dir her?»

Das weiß ich auch nicht. Was soll denn die blöde Frage?

«Willst du nicht mit mir reden, oder was?»

«Nein! Ich – hm – bin nur nicht so toll drauf.»

«Ah ja», sagt er.

He, das ist mein Satz! Nicht deiner! Wir schauen uns an.

«Du, Kati», sagt er. «Ich muss was nachholen, was ich eigentlich schon am Samstag machen wollte.»

Ich verstehe nur Bahnhof.

«Die Popcorntüte», erklärt er, und dann küsst er mich. Einfach so.

0177 / 7654321:

Wer bist du eigentlich?! Warum schreibst du mir dauernd? ----
------

Der

Jasmin Rahnenführer

Kerstin zu Pan

Herz-

Franziska Wilhelm

Raphaela Stammeier

schlag

Natalie Czech

Tanja Moser

der

Margret Hoppe

Sophie Gabler

Erde

Marcia Breuer

Andreas Holch

Jasmin Rahnenführer

Niemals abgeschickte Briefe

1. Brief   8. 10. 1998

Lieber Philipp,
ich habe lange überlegt, ob ich diesen Brief wirklich schreiben soll, und bin zu dem Schluss gekommen, dass es gut für mich ist, um die Dinge klarer zu sehen.

Ich möchte verstehen, warum Dinge passieren, warum die Welt sich Tag für Tag weiterdreht, ich möchte wissen, was das Universum zusammenhält und was Liebe überhaupt ist.

Es gibt so viele Fragen in meinem Leben und so wenige Antworten darauf. Weißt du eigentlich, wie sehr ich es vermisse, mit dir zu reden, Philipp?

Was ich an dir so bewundert habe, war, schon als ich dich das erste Mal sah, die Freude an den Dingen, die du gerade getan hast, vielleicht aus der tiefen Überzeugung heraus, dass alles einen Sinn hat.

Mariam und ich waren damals gerade in der Stadt gewesen, als ihr plötzlich schlecht wurde. Wir hielten also kurz auf einem kleinen Parkstreifen. Es war Mittag, und in dem Seitenspiegel unseres geparkten Autos konnten wir den Park sehen, der hinter uns lag. Der Herbst hatte auch hier seine Zeichen hinterlassen:

Die Bäume schienen gelb, rot, orange und braun zu bren-

12.10. (abends)   0177/1234567:

Ich kann es ja sein lassen! ------------------

nen, und das Laub bedeckte den Weg, der am Kanal entlang-
führte.

Ich wusste, dass gleich etwas passieren würde, nein, passieren musste.

Das ganze Bild schien etwas Besonderes, etwas Erwarten-
des an sich zu haben. In diesem Augenblick stoben die Blätter
auseinander, und zwei Jungen gingen sich unterhaltend den
Weg entlang.

Der Größere von beiden sprang in die Blätter, die wie zu
einer tonlosen Melodie zu tanzen begannen. Das warst du.

Seltsamerweise wurde mir schon in diesem Augenblick
bewusst, wie sehr ich dich wollte; so sehr, dass der Gedanke
an dich ein Ziehen irgendwo in meinem Brustkorb verur-
sachte.

Nachdem du aus der Bildfläche des Seitenspiegels verschwunden warst, lag der Park wieder still und einsam da.
Mariam atmete noch einmal tief durch, startete den Motor,
und wir fuhren schweigend weiter.

2. Brief   **16. 10. 1998**

Lieber Philipp,
mir ist eben aufgefallen, dass ich den Anfang unserer Geschichte aufgeschrieben habe, und deshalb werde ich sie voll-
ständig aufschreiben, weil ich es dir in gewisser Weise schul-
dig bin.

Kurze Zeit, nachdem ich dich das erste Mal gesehen
hatte, liefst du mir ein zweites Mal über den Weg. Ich ging
gerade zur U-Bahn, um Linda zu besuchen. Du kamst mir

12.10. (abends)   0177/7654321:

Die Frage ist, warum du es machst, und nicht, ob du es sein
lassen kannst! --------------

entgegen, und ich wusste, wenn ich dich jetzt nicht anspreche, dann verpasse ich etwas, nein, nicht irgendetwas, ich verpasse dich! Im Nachhinein kommt es mir verrückt vor, dass ich dich einfach angesprochen habe. Du hast mich angeguckt, als ob ich aus dem Nichts aufgetaucht sei, aber du bist sofort mitgekommen. Ich weiß noch ganz genau, wie wir beide ein bisschen ratlos und verwirrt über meine plötzliche Idee – ich glaube fast, ich war noch erstaunter als du – in das kleine Café ins Schanzenviertel gegangen sind. Wir haben beide eine heiße Milch mit Honig bestellt und fingen an, uns zu unterhalten.

An meine Verabredung mit Linda habe ich keine Sekunde mehr gedacht. Als wir bezahlt hatten und draußen vor der Tür standen, hast du etwas gesagt, das ich noch so genau weiß, als hättest du es mir eben gerade erzählt. Du hast gesagt: «Jeder Mensch versucht immer, unaufhörlich, seine Mitmenschen zu analysieren. Daraus, Sophie, bestehen dann die meisten Freundschaften. Wenn man glaubt, den anderen erkannt zu haben, also ihm direkt in die Seele geblickt zu haben, wird er uninteressant.» Ich sagte zu deiner Theorie nichts, nicht, weil ich mich nicht traute, dir zu widersprechen, sondern weil ich deine Vermutungen hören wollte. «Nicht immer natürlich», setztest du deine Überlegungen fort, «denn dieses scheinbare Desinteresse am anderen ist nur eine Schutzfunktion, es ist die Angst, den anderen dicht an sich heranzulassen.» Ich wusste genau, was du meintest, fragte dich aber, obwohl ich die Antwort tief in mir schon wusste: «Und woher, glaubst du, kommt diese Angst?» Für einen winzigen Moment war kein einziges Geräusch zu hören, und der Himmel drückte mit der Schwärze der Nacht auf die Erde.

0177/1234567:

Man merkt, dass du Jura studierst. Vom Paragraphen-Lernen wird man wohl so. ------------------

«Vielleicht ist es . . .», fingst du an, wusstest aber nicht, wie du weiterreden solltest. Ich drehte mich so, dass ich dir direkt in die Augen blicken konnte, und sagte: «Es ist die Angst vor der Erkenntnis, dass der andere genauso verletzlich ist wie du selber. Es ist die Scham vor der Nacktheit, die schon Adam und Eva im Paradies spürten, nachdem sie vom Baum der Erkenntnis gegessen hatten.»

Ich atmete tief durch und flüsterte dann: «Philipp, es ist die Angst vor der totalen Liebe.»

Daraufhin hast du nur gelächelt und gesagt: «Ich wusste, dass es gut war, mit dir mitzugehen.»

3. Brief   **21. 10. 1998**

Lieber Philipp,
ich werde mich gleich mit Anne treffen, weil es ihr im Moment nicht gut geht. Hast du sie eigentlich jemals kennen gelernt? Anne ist einer der verrücktesten Menschen, die ich kenne. Sie liebt alles, was selten, anders, irgendwie besonders ist. In gewisser Weise sind wir uns in diesem Punkt sehr ähnlich.

Du weißt ja: Auch ich liebe das Besondere, aber besonders können auch die gewöhnlichsten Dinge der Welt sein.

Anfang September war Ich im Stadtpark, und überall wuchsen noch so viele Gänseblümchen, dass ich mich einfach auf die Wiese legen musste. Verstehst du? Ich musste mich zwischen diese Mischung aus Schönheit und Unschuld legen und in den Himmel gucken. Das war etwas Besonderes.

12.10. (abends)   0177/7654321:

Wird man wie? Spinnst du? Soll ich aus Nächstenliebe SMSe verschicken? --------------

Und gestern im Philosophieunterricht diskutierten wir über Descartes. Ich stellte die Theorie auf, dass alles, was wir durch unsere Sinne wahrnehmen, reine Illusion ist und wir einsam durchs All schweben. Ich hielt eine Art Monolog, und als ich aufhörte zu reden, war alles um mich herum still. Mein Lehrer guckte mich an und sagte: «Vielleicht hast du Recht, Sophie, aber was ist dann mit der Liebe?»

Beantworten konnte ich diese Frage nicht, und von diesem Zeitpunkt an fehlte mir auch die Kraft, überhaupt noch etwas zu sagen. Ich schaute aus dem Fenster – das habe ich übrigens schon getan, als ich ganz klein war –, und die Wolken schienen sich nicht verändert zu haben. Sie zogen wie damals und hinterließen bei mir ein Gefühl der Unzufriedenheit, weil ich nicht mit ihnen mitziehen konnte, sondern hier am Boden haften musste. Und dieses bittere Gefühl des Verlassenwerdens rief eine salzig schmeckende Erinnerung an dich in mir hervor.

Warum dreht die Welt sich nur Tag für Tag weiter, wenn innerhalb von Sekunden Existenzen vernichtet werden können? Ist der Einzelne so bedeutungslos? Das Leben erreicht manchmal den Punkt einer erstaunlichen Erwartungslosigkeit, die nötig ist, um glücklich sein zu können. Das Leben ist wie der Ozean, und ich sitze in einem klitzekleinen, kubanischen Fischerboot und lasse mich treiben. Wer hat mich denn gefragt, ob ich überhaupt Spielball der Wellen sein möchte?

Niemand. Die Spielregeln bestimmt ein anderer.

0 1 7 7 / 1 2 3 4 5 6 7 :

Warum antwortest du dann? --------------------

4. Brief   3. 11. 1998

Lieber Philipp,

ich war heute nicht in der Schule und bin stattdessen spazieren gegangen. Es war noch relativ früh, und die Sonne war gerade erst aufgegangen. Der erste Morgennebel bedeckte die
Bäume und Straßen und ließ die ersten Sonnenstrahlen wie
durch einen dichten Schleier scheinen. Ich hatte Milchkaffee
mitgenommen und ließ das Bild, das sich mir bot, auf mich
wirken. Ich musste an unseren letzten November denken: Es
war ein grauer Tag gewesen mit einer Unmenge an Wolken,
Regen und Nebel. Ich stand irgendwann vor deiner Haustür
mit Gummistiefeln, Regenmantel und heißem Tee, habe dich
angelächelt und gesagt:

«Lass uns spazieren gehen.» Du hast dich ohne ein Wort
angezogen und bist mir gefolgt, so wie du es schon beim ersten Mal getan hast.

Wir sind lange durch diese graue Nebelwelt spaziert und
haben uns über unsere Kindheit unterhalten. Irgendwann
bliebst du dicht vor mir stehen und sagtest: «Was ich an dir so
liebe, Sophie, ist, dass du das Leben liebst.»

Ja, Philipp, ich liebe das Leben noch immer, aber es ist verdammt hart ohne dich. Unsere Geschichte ist ein Bild, dessen
Konturen immer mehr verblassen, und ich habe nur die
Macht meiner Worte, dies nicht geschehen zu lassen. Ich habe
mich gerade in den Garten hinter unserem Haus gelegt und
wie so oft in den Himmel geguckt. Es ist ein komisches Gefühl
zu wissen, dass nichts von Bestand ist außer dem Himmel mit
seinen Abermillionen von Sternen.

Alles verändert sich ständig, alles bewegt sich rhythmisch

12.10. (abends)   0177/7654321:

Weil du mich interessierst. Was bist du für einer, der da
rumsitzt und sich per SMSe unterhält? -----------

im Herzschlag der Erde. Und doch gibt es Dinge, die das Sterbliche wie uns Menschen ums Unendliche überdauern. Manchmal habe ich Angst, weil ich weiß, dass mit jedem meiner Atemzüge etwas stirbt, nicht nur irgendwo in der Welt, sondern gleichzeitig auch in mir.

Aber ich glaube, der größte Teil von mir ist vor zwei Jahren zusammen mit dir bei deinem Unfall gestorben. Erinnerst du dich an das Sprichwort: «Ein Herz kann brechen, aber es schlägt trotzdem weiter?»

Meines schlägt immer noch, aber mit jedem Schlag spüre ich auch den Schmerz, der notwendig ist, um meine Wunden verheilen zu lassen.

In Liebe
deine Sophie

18.10.   0177/7654321:

Ich war im Kino: e-mail für dich. Lustig. -------------

FOTO VON **Kerstin zu Pan**

Franziska Wilhelm

Rückwärts zum Zoo

Ich werde jetzt nicht noch einmal auf die Uhr schauen. Ich habe den Bus verpasst, das kann jedem mal passieren.

Zehn Minuten komme ich mindestens zu spät. Du hasst Unpünktlichkeit. Seit fünf Minuten wirst du jetzt schon am Zoopark stehen, immer die Zeiger der großen Standuhr im Augenwinkel.

Es ist kalt heute. Ich suche dein Bild in meinem Kopf. Du an der Haltestelle: groß, ernst. Deine Hände stecken in den Taschen, dein Kinn ist hinter dem hochgeschlossenen Jackenkragen versteckt. Alles sehe ich genau vor mir, nur dein Gesicht bleibt unscharf.

Ich muss zugeben, ich kann mir dein Gesicht am besten in der Schräglage vorstellen. Dann sehe ich dich mir gegenüber auf dem Bett. Dein rechter Mundwinkel und die Spitzen deiner Wimpern berühren das Laken, dazwischen liegt, halb versunken, deine Wange.

Ich zeichne an der Fensterscheibe des Busses deine Augenbraue nach. Ich mag dein Gesicht. Immer noch. Ich weiß noch, einmal haben wir uns so stürmisch geküsst, dass du Nasenbluten bekommen hast. Du hast geflucht, dass das gerade jetzt passieren musste, ich bin ins Bad gerannt und habe, weil ich nichts anderes gefunden habe, Klopapier geholt. Ganz niedergeschlagen hast du auf dem Bett gesessen und dir das Klopapier vor die Nase ge-

18.10.   0177/1234567:

Was interessiert mich das?! Hast du wieder mal die Nr. verwechselt? ----------

halten. In diesem Moment habe ich dich wahnsinnig geliebt.

Wann waren wir eigentlich das erste Mal zusammen im Zoo? Ich weiß es gar nicht mehr, ich weiß nur noch, dass ich mir damals nicht sicher war, ob ein Junge, der das erste Rendezvous zwischen Elefantenhaus und Affenkäfig verbringen will, nicht doch etwas sehr sonderbar ist. Aber du liebst nun mal Tiere, besonders Zebras, und die gibt es nur dort.

Es ist schon verrückt: du und deine Zebras. Ich habe nie verstanden, wie du stundenlang vor dem Freigehege sitzen und diesen schwarz-weiß gestreiften Viechern beim Rumstehen zuschauen konntest. «Ich finde sie faszinierend», hast du einmal gesagt, mir aber nie erklärt, warum.

Ein anderes Mal, als wir schweigend auf der Bank vor dem Freigehege saßen (wir hatten uns gestritten, weil ich lieber ins Kino als in den Zoo gehen wollte), habe ich dich gefragt, was für dich Liebe ist. «Liebe ist wie ein Zebra», hast du gesagt. Du beantwortest Fragen gern mit Zebras. Ich habe das mal sehr philosophisch gefunden. «Schwarze Streifen auf weißem Grund. Die Streifen stehen für Streitereien. Weiß sind die guten Zeiten. Manche Leute jagen ihr ganzes Leben lang weißen Zebras hinterher. Das ist Quatsch. Es gibt keine weißen Zebras, und wenn, dann wären es keine richtigen Zebras. Die schwarzen Streifen gehören einfach dazu.»

Unsere Liebe gibt wohl inzwischen ein ziemlich düsteres Zebra ab, ein echtes Darkwave-Huftier. Jetzt hätte ich beinahe über meinen eigenen dummen Witz gelacht, dabei ist mir gar nicht nach Lachen zumute. Ich will nicht mehr. Unsere ständigen Streitereien. Alles, was du sagst, regt mich einfach nur noch auf. Ich weiß nicht, ob du ahnst, was ich heute vorhabe.

0177/7654321:

Könnte ja sein, dass es dich interessiert. Ist wie bei uns. ---------

Ich habe dich auch nicht darauf vorbereitet. Keine Andeutung wie: «Ich muss mit dir reden …», gar nichts, eine ganz einfache Verabredung im Zoo, der Ort, wo alles angefangen hat. Wie nah Anfang und Ende doch beieinander liegen können …

Melanchthonstraße. Die nächste Haltestelle muss ich aussteigen. Mein Magen. Warum habe ich mich auch entgegen der Fahrtrichtung gesetzt? Ich mag es nicht, rückwärts zu fahren, mir wird davon immer so eigenartig. «Nächste Haltestelle: Zoopark», ertönt die Stimme aus der Bussprechanlage. Ich höre sie wie durch Watte. Plötzlich glaube ich dich zu sehen, wie du mit Klopapier und Nasenbluten hinter mir auf der Bank sitzt. Ich drehe mich weg, und du stehst vor dem Fahrscheinautomaten. Die Ader an deiner Stirn ist geschwollen, und du brüllst: «Lass mich doch endlich in Ruhe, ich brauche dich nicht!» Unser letzter Streit. Ich halte mir die Ohren zu und kneife die Augen fest zusammen. Du bist draußen. Nicht hier. Gleich werde ich aussteigen. Ich werde genau elf Minuten zu spät sein. Ich weiß nicht, wie ich dir alles erklären soll. Gut, ich habe den Bus verpasst. Aber das ist gelogen. Ich hätte ihn noch kriegen können, dafür habe ich mir lieber noch einmal die Wimpern getuscht und die Haare gekämmt. Wieso mache ich mich eigentlich noch schön für dich? Jemand rempelt mich an. Du bist es, im Anzug, den du bei der Beerdigung deiner Großmutter getragen hast. Du schiebst dich an mir vorbei, und deine lange schwarze Silhouette verschwindet irgendwo im hinteren Teil des Busses. Ich drehe mich zur Tür, du versperrst mir den Weg: «Immer muss alles nach deinem Willen gehen. Heute habe ich eben mal keine Zeit für dich. Ich habe auch meine Verpflichtungen.» Das war

18.10.   0177/1234567:

??? --------------

letzten Donnerstag. Der Bus hält an, ich stoße den letzten Donnerstag zur Seite und springe Hals über Kopf aus dem Bus. Dabei löst sich das kleine Ansteckzebra von meinem Mantelkragen und fällt auf den Boden. Ich hebe es auf und lasse es schnell in meiner Tasche verschwinden. Vor mir liegt die Haltestelle. Du bist nicht da.

0177/7654321:

Ich kenn dich auch nur per SMS. ----------

Raphaela Stammeier

Liebende Fotografin

Von dir
ein Bild machen wollen

mir
von dir
ein Bild machen wollen

und nicht nur
eins
sondern
immer
und immer wieder
neu

diese unsichtbaren
Augenblicke
die ich so liebe
mit dir
an dir

festhalten wollen

und
schließlich spüren
dass
die Bilder
niemals ausreichen

18.10.   0177/1234567:

Na ja, ich weiß nicht. Wir kennen uns genau genommen
gar nicht. ----------

und ich dich
lieber
in allen Dimensionen
und das sind
mindestens drei

        festhalten will

        und nicht nur
        noch
        einmal
        sondern
        immer
        und immer wieder
        neu

0 1 7 7 / 7 6 5 4 3 2 1 :

Ich finde es spannend. -----------------

FOTO VON *Natalie Czech*

Tanja Moser

Liebesbrief, Sex und Schokokrem

Paris, im Oktober 1999: Das ist mein erster Brief an dich. Ein Liebesbrief? Ich weiß es nicht, habe noch nie einen geschrieben. Zumindest keinen «klassischen» mit Herzschmerz, poetischen Liebesbeteuerungen und dem ganzen verschnörkelten Drumherum. Wie in dem Kinofilm «Loveletter», den ich vergangene Woche gesehen habe. Eine Frau in den besten Jahren (die Definition überlasse ich dir) findet eines Tages einen geheimnisvollen Brief ohne Absender und Adressaten. Als sie ihn liest, sieht sie die Liebe plötzlich mit ganz anderen Augen und beginnt, wieder leidenschaftlich wilden Sex zu haben. Deshalb bräuchte ich dir also nicht zu schreiben. Bräuchte dir nicht zu erzählen, wie sehr ich dich vermisse. Wie die Buchstaben deines Namens in rosaroter Watte verpackt so wild in meinem Kopf umherspringen, dass sich keine Französischvokabel mehr in meinem Gedächtnis halten kann.

Seit du mich hier in Paris besucht hast, ist es noch viel schlimmer geworden. Jede Straße, die wir gemeinsam entlanggelaufen sind, jeder Platz, der Joghurt im Kühlregal, die Schokokrem drei Ecken weiter. Einfach alles erinnert mich an dich. In diesen Augenblicken scheint die Zeit stehen zu bleiben, nur um mich zu quälen, um den Moment des Wiedersehens in noch unendlichere Ferne zu schieben. Selbst Sonne und Mond haben sich gegen mich verschworen: Am Tag will es nie mehr hell werden, und in der Nacht scheint es mir, als

---

18.10.   0177/1234567:

Vorgestern noch hast du mich fast für verrückt erklärt, weil ich dir SMSe schicke, jetzt ist es spannend? ----------

wäre das von nun an der Dauerzustand in meinem Leben. Ein Leben im schwarzen, sexlosen Nichts. Bis es sich die Sonne doch wieder anders überlegt und mir neue Hoffnung gibt. 1. Hoffnung darauf, dich in 3 Tagen wieder zu sehen. 2. Hoffnung auf Sex. 3. Hoffnung auf Sex mit dir. Mit Joghurt und Schokokrem im Bauchnabel. Und da wäre noch so viel mehr auszutesten ...

Aber nicht heute. Heute ist Donnerstag, und das bedeutet, wir müssen uns noch 3 Tage gedulden. Im Vergleich zu meiner Zimmernachbarin Diane aber kann ich mich immer noch glücklich schätzen. Ihr Liebster hat Salmonellenvergiftung und Diane eine Riesenangst, sich anzustecken. Das heißt: mindestens einen Monat kein Austausch von Körperflüssigkeiten. Noch 3 Tage ...

Dass du am Mittwoch für mich ein Begrüßungsmenü kochst, ist supersüß von dir. Übrigens auch total bettkompatibel. Sagt Benjamin von Stuckrad-Barre zumindest in seinem «Soloalbum»: «Ich habe nie gekocht, aber wenn sie kam, dann nahm ich das immer zum Anlass, den Kühlschrank zu füllen, auf dass wir es uns lecker machen konnten daheim und mehr im Bett sein konnten und uns nicht ständig mit der Nahrungssuche aufhalten mussten ...» Eine gute Strategie. Obwohl ich ja eigentlich abnehmen will. Zugegeben, eigentlich immer. Doch komischerweise beschäftige ich mich ausgerechnet mit den Dingen immer am meisten, die ich aktiv am wenigsten betreibe. Ich denke daran, einen Berg «Croissants» zu verdrücken, aber ich beherrsche mich, weil ich es will. Denke daran, mit dir zu schlafen, nur mit dir. Aber ich beherrsche mich, weil ich nicht will, aber muss. Noch 3 Tage.

0177/7654321:

Ach, komm schon. Ist es doch. Ich streite beinahe mit einer Person ohne Stimme. ----------

3 Tage in Paris mit 80 Mark in der Tasche und dem Wissen, dass du mich retten würdest, falls mir das Geld für mein Zugticket zum Flughafen nicht mehr reichen sollte. Klingt romantisch. Wäre mir trotzdem peinlich. Bin deshalb vorsichtshalber heute nicht rausgegangen. Ich habe im Wohnheim der französischen Unschuld gesessen und traurige Filme mit lauter traurigen Menschen gesehen und bin noch trauriger geworden. Nur «Das Leben des Brian» war so komisch, dass ich doch wieder lachen musste. Obwohl ich gar nicht wollte. Mit 80 Mark in Paris und ohne dich und ohne Sex hat man nichts zu lachen. Finde ich. Noch 3 Tage. Und 800 Kilometer. Wie weit das weg ist, werde ich wohl erst ermessen können, wenn die Telekom mir wieder schreibt.

Ich mache jetzt einfach lauter Dinge, die nichts, gar nichts mit dir zu tun haben. Sonst wird das nichts. Ich packe schon mal meine Tasche – probehalber. Lasse alles Überflüssige weg, Bettlaken, Handtücher. Es geht auch ohne, vor allem leichter. Ohne dich. Nein, niemals. Ich packe weiter und denke nach. Stell dir vor, ich wäre eines Tages so bekannt wie Jerome D. Salinger. Seine Geliebte hat seine Liebesbriefe für mehrere tausend Dollar bei Sotherby's versteigert. Das ist eine Menge. Ich könnte mit dieser Summe mit dir auf den Antillen chillen, meeresblubbernden Unterwasser-Sex haben, dazwischen Cocktail trinkend nach Paris jetton und sämtliche Boutiquen leer kaufen, um dann wieder zu dir zurückzukehren und weiterzuchillen. Nein, unmöglich. Salinger war bereits tot, als seine Geliebte das Geld kassierte. Also, nichts mit gemeinsamen CocktailOrgien über und unter Wasser. Das würde ja wahrscheinlich auch nichts ändern. Ich wäre deshalb nicht glücklicher

Hast du sie noch alle? --------------------

mit dir. Aber auch nicht mit 80 Mark in Paris. Aber du ohne mich? Nein, niemals. Noch 3 Tage.

Nächste Woche sind wir übrigens acht Monate zusammen. Kein Rekord. Nichts Besonderes, noch nicht mal ein Jahr. Nur acht Monate. Am 22. Februar 1997, schreib es dir auf, da hast du für mich zum ersten Mal gekocht. Im Bett waren wir noch nicht an diesem Tag, wir haben uns nur mit den Spaghetti auf dem Teller beschäftigt, mit Fragen über Gott und die Welt und dem «Verliebtsein». Das reichte auch, für den Anfang war das genug. Mir schwirrte der Kopf von dir, vom ersten Kuss und vom Wein. Seitdem strampeln die Schmetterlinge heftig im Bauch. Und sie freuen sich schon riesig auf zu Hause und auf dich.

Meine Tasche steht gepackt vor mir, wie ein großes, schwarzes Monster sieht sie aus, ist viel zu schwer für mich. 24 Kilo wiegt mein Leben, inklusive Personalausweis. Gott sei Dank wiegen Gefühle nichts, ich müsste sonst in Paris Wurzeln schlagen, könnte mich nicht einmal mehr zum Telefon schleppen, um dir mitzuteilen, dass ich die Liebe in Frankreich lassen müsste, um nach Hause zu kommen. Nein, das würde ich nicht sagen, die Liebe würde ich nicht opfern – dann lieber das 24 Kilo schwere Monster mit all meinen Lieblingsshirts und -hosen. Noch drei Tage. Ich bekomme wieder Hunger. Zwei Uhr in der Früh ist leider kein guter Zeitpunkt dafür, nicht, wenn der Gemeinschafts-Kühlschrank des Wohnheims wie üblich von 22 Uhr bis 6 Uhr abgesperrt ist. Nachts zu essen ist ohnehin nicht gut für die Figur. Schlafen ist besser, miteinander am besten, dabei verbrennt man auch noch Kalorien. Problem 1 ist: Ich kann nicht einschlafen. Problem 2: Ich liege allein im Bett (du hoffentlich auch!). Ich beschließe,

… Ohne Gesicht, ohne Gestik, ich streite mit meinem Handy. Irre. --------------------

mich trotzdem hinzulegen. Zumindest so lange, bis sich der Kühlschrank wieder öffnen lässt. Viel ist ja eh nicht drin von mir, eine Mikrowellen-Lasagne, fünf Joghurt-Becher und vier Flaschen Wasser. Für drei Tage reicht das noch. Luft und Liebe habe ich auch noch genug. Irgendwie bin ich jetzt doch müde geworden. Ich glaube, ich träume schon, träume, dass ich bei dir bin. Nein, kein Traum. Ich bin schon angekommen . . .

18.10.   0177/1234567:

DU bist irre! ---------------

FOTOS VON *Margret Hoppe*

Sophie Gabler

(K)alter Kaffee

Zum Glück besitze ich nicht das Geringste, was mich an ihn erinnern könnte. Bis auf eine Dose Instant-Kaffee. Die hat er mal mitgebracht, weil er seinen Körper am frühen Morgen (so gegen 10 Uhr) nicht anders zum Leben erwecken konnte. Da half weder der zärtlichste Guten-Morgen-Kuss noch kaltes Wasser. Doch um auf den Instant-Kaffee zurückzukommen: Manchmal ertappe ich mich dabei, wie ich am Deckel der Dose lecke, nur um ihm endlich wieder nahe zu sein.

18.10.   0177/7654321:

Wie unromantisch du bist! --------------

FOTO VON *Marcia Breuer*

0177 / 1 2 3 4 5 6 7 :

Unromantisch? Bist du schwul? --------------

Andreas Holch

Bonn 347656 Seelenfeuerwehr

Tuut, tuut. «Bonn 3 4 7 6 5 6. Hey, ich bin's: Andi. Ich bin gerade unterwegs, aber hinterlasst mir doch eine Nachricht, ich rufe dann, so schnell es geht, zurück.» Piep.

Mein Anrufbeantworterspruch. Klein und friedlich schlummert die schwarze Box leidlich unbeachtet in einer Ecke meines Zimmers. Alle Tage spricht mal jemand darauf, den ich dann auch – wie versprochen –, so schnell es geht, zurückrufe. Es gibt aber Anrufer, die rufe ich gar nicht mehr zurück, da fahre ich gleich hin. Es sind die «Hilfe-Andi-mein-Freund-hat-mich-verlassen»-Anrufe. Diese Anrufe kann man nicht am Telefon beantworten. Ich kläre die immer von Angesicht zu Angesicht. Warum? Meine kleinen Freundinnen schätzen mich nun mal als einzigartigen Seelenklempner. Seelenklempner für gerade verlassene Mädels – ein Traumjob, könnte man meinen, aber im Grunde ist es hartes Brot. Egal, wie man's sieht, schon so mancher konnte durch geschicktes Trostverhalten bei der Leidenden wichtige Beziehungsbonuspunkte sammeln. Nun ja, ich habe an so was kein Interesse, und das wissen meine Herzenspatientinnen auch. Ich bin schwul und damit der ideale Mann für solche Fälle. Ich kann Fragen beantworten wie: «Warum machen Männer das?», ich kann mit ihr über das Outfit ihres Verflossenen herziehen, und ich weiß, wie man sich fühlt, wenn man von einem Mann verlassen wurde.

1 8 . 1 0 .   0 1 7 7 / 7 6 5 4 3 2 1 :

? --------------------

Außerdem bin ich bekanntermaßen nicht durch eventuelle Eigeninteressen vorbelastet. So kann ich knuddeln, drücken und Tränen abwischen, ohne irgendwie komisch, heuchlerisch oder verbindlich zu wirken. Der rote Punkt hat heute nur für Iris geblinkt. Sie hat es also erwischt. Ich wurschtele ein wenig im Zimmer herum; bereite mich auf meinen heutigen Einsatz vor. Iris und Danny, ich hab es ja kommen sehen, aber auf mich hat sie mal wieder nicht gehört. Den Erste-Hilfe-Rucksack über die Schulter und schnell runter zur Bushaltestelle. In Notfällen darf man keine Zeit verlieren. Ein Blick auf die Uhr, das Herz schlägt schneller, und die Schritte werden länger.

Ich kenne den Job, habe ihn schon tausendmal gemacht. Der Notruf, der Bus und das Liebeskummeropfer. Melli habe ich damals heulend aus der Badewanne gezogen; Eva hat mich 18 Stunden am Stück mit ihren Problemen rund um ihre gebrochene Seele gemartert; Eva war unzufrieden mit ihrer Beziehung und musste ausgerechnet während des Länderspiels Deutschland-Holland unbedingt mit mir reden. Tja, Feuerwehrmann ist ein Knochenjob. Aber es ist mein Job. Keiner ist besser.

Warte nur noch ein kleines Weilchen, Iris, dein Retter naht. Zugegeben, mein Rettungswagen ist nicht der schnellste, aber immerhin kostet er mich nichts. Grün und voll von lärmenden Kindern zuckele ich Richtung Hauptbahnhof. Ich weiß, was zwei Straßen weiter auf mich wartet. Iris sitzt in ihrem Zimmer. Wie ein Häufchen Elend hockt sie auf ihrem Bett. Eigentlich liegt sie auf ihrem Bett, aber wenn ich die Zimmertür öffne, wird sie sich für einen kurzen Moment aufrichten, um zu sehen, wer da kommt. Ihre Augen

---

0 1 7 7 / 1 2 3 4 5 6 7 :

Du schreibst wie ein Mädchen! ----------

sind rot, und der mit viel Sorgfalt aufgetragene Kajal ist vom vielen Weinen und Schnäuzen verschmiert. Iris' Mutter hat mir mit einem gequälten Lächeln die Haustür geöffnet und mich mit einem stummen Kopfnicken hereingebeten. Sie ist noch nicht auf dem neuesten Stand der Dinge, aber ihre Mutterinstinkte sagen ihr, dass es «besser» ist, wenn ein «Fremder» die ersten Qualen ihrer Tochter lindert. Platz für den Retter! – und mit besinnlichen Schritten die letzten Stufen der Treppe hinauf. Wie naiv war sie gewesen! Danny hatte sie angerufen, um sich in einem Café mit ihr zu treffen. «Wow», hatte sie gedacht, «er hat sich was Besonderes für mich überlegt.» Im Grunde hatte sie ja Recht, nur dass ihr Dannys Überraschung sicherlich nicht gefallen hat. Danny war immer ihre große Liebe, der Mann für das Jetzt, die Zukunft und die Ewigkeit zusammen. Es hieß immer «Wir lieben uns sooo sehr, da ist mehr dahinter» – oder auch nicht. Spätestens dann sind Männer immer gleich, und ich muss wieder Herzen kitten.

Melli hat es damals anders gesehen. Sie säuselte: «Unsere Energien liegen auf der gemeinsamen Wellenlänge, und wir stimulieren uns spirituell.» – Auch nicht schlecht, aber am Ende hat es dann eben doch nicht gelangt mit den vorhandenen Energien. Ich fand sie – wie gesagt – mit ihren vorhandenen Restenergien in der Badewanne und hatte meine liebe Mühe, sie wieder auf das richtige Gleis zu setzen. Inzwischen ist Melli wieder frisch verliebt, und ich kann sie erst mal als geheilt abhaken.

Seelenfeuerwehrmann Andi hat jetzt Wichtiges zu tun. Das Ziel ist erreicht, der Job ruft. Noch einmal kurz einatmen und dann schnell die Klingel drücken. Die Klingel

Ich BIN ein Mädchen! ------------------------

schrillt. Das gefällt mir, an meinem Feuerwehrauto gibt es keine Sirene, und so erhalte ich wenigstens auf den letzten Metern bis zum Brandherd die gebotene Aufmerksamkeit. Die Mutter öffnet und nickt mich mit einer kurzen Kopfbewegung in die Diele. Kein Problem, deute ich mit einem Lächeln an, ich weiß, was ich zu tun habe, und was ich auf alle Fälle weiß, ist, wo ihr Zimmer ist. Sie können uns dann jetzt allein lassen, danke. Für die lebenserhaltenden Maßnahmen mag es ja gereicht haben, aber die Arbeit sollten sie besser den Pros überlassen. Iris' Mutter merkt das auch und murmelt irgendwas von «Die Kartoffeln kochen über» und wendet sich Richtung Küche ab. Adrenalin pulsiert in jeder einzelnen Ader. Der Kopf versucht kühl und sachlich zu bleiben, während der Puls mit jedem Schlag heißeres Blut durch die Glieder pumpt. Kurzes Klopfen, Tür auf, und der Kampf beginnt. «Hey, wie geht's?» – Zugegeben, eine relativ beschissene Einleitung, aber ein «Hey, wie geht's?» hört sich doch immer noch einigermaßen unverbindlich-vertraut an. So, als ob eigentlich gar nichts los wäre. Es wird dankbar mit einem Lächeln auf dem Gesicht des inzwischen Schlabberpulli und Jogginghosen tragenden Mädchengesichts quittiert. Es dauert nicht lange, da beginnt Iris wieder zu weinen. Sie erzählt von den vielen schönen Stunden und davon, dass sie gar nicht weiß, wie ihr Leben ohne Danny weitergehen soll. Das sind die Momente, die auch einem erfahrenen Seelenfeuerwehrmann das Wasser in die Augen treiben. Wenn sie weinen kann, darf ich das auch, und schließlich weinen wir beide zusammen. Sie über die verlorene Liebe und ich darüber, dass meine kleine Freundin so traurig ist.

0177/1234567:

Sascha? Ist das ein Mädchenname? ----------

Mit Danny und der Beziehung geht nicht nur die erste große Illusion von der wahren Liebe den Rhein runter, sondern auch das Gefühl von Sicherheit und Geborgenheit. Die Gewissheit, dass immer jemand da ist, den man anrufen kann, das Wissen darum, dass man in jeder noch so ausweglosen Situation wenigstens mit einem Menschen auf der Welt offen reden kann, der einen kennt und ebenso vertraut. Der Freund zum Pferdestehlen ist plötzlich wie von einer Geisterhand aus dem Leben genommen und fehlt an allen Ecken und Enden. Die körperliche Nähe wird ebenso schmerzlich vermisst wie das zum Ritual gewordene Nutella-Brötchen zum Frühstück im Bett. Weit reichende Träume von Kindern, Urlauben und die gemeinsamen Pläne werden kurzerhand einfach mit- und weggenommen. Das Vertrauen, das vom ersten schüchternen Kuss bis zur ersten gemeinsamen Nacht vorsichtig aufgebaut wurde, wird von einer – von seiner – Seite fristlos aufgekündigt. Am Ende steht man dann mit einem ganzen Haufen voll Liebe ziemlich einsam und abgefertigt da. Danny hat Iris nicht nur über eine Klippe gestoßen, sondern auch ihr Vertrauen in die Welt, die Männer und in sich hintergeworfen. Aus «Iris, die mit Danny zusammen ist» hat er ruck, zuck «Iris, die von Danny verlassen wurde» gemacht und sich so aus ihr auf schmerzhafte Weise selbst entfernt. Die ganze Zeit über war Danny nur für Iris da und Iris nur für Danny. Sie musste ihn mit keiner oder keinem teilen. Ein ganzer Mensch nur für sie alleine. Nun kommt die Angst hinzu, eines Tages ihrer Nachfolgerin über den Weg zu laufen, die haargenau ihren Platz bei ihm eingenommen hat und jetzt statt ihrer das morgendliche Nutella-Brötchen verspeist. Heute Morgen war sie verliebt, jetzt ist sie verlassen.

1 8 . 1 0 .   0 1 7 7 / 7 6 5 4 3 2 1 :

Das ist mein Spitzname! -------------------

Nach der gemeinsamen Trauerrunde geht es für mich darum, erst einmal Lebensfreude oder wenigstens die Aussicht
auf Lebensfreude im Patienten wieder zu beleben. Das Medi-
kament, das ich in solchen Fällen anwende: Schokolade. Die
gute alte Milka macht dick und glücklich, und Letzteres ist
jetzt die Hauptsache. In Notfällen pfeife ich auf Kalorien-
zählen und Pickelalarme. Schokolade ist das Muss. Iris hat
verständlicherweise wenig Lust auf was Süßes. Widerwillig
lässt sie sich von mir den ersten Riegel aufnötigen und kaut
trotzig auf ihm herum. Was ich sage, wird gemacht. Schließlich soll ich hier in ein paar Minuten kitten, was ein Bezie-
hungsstümper meiner Freundin angetan hat.

Eva war am anstrengendsten. Es hat geschlagene 18 Stunden gedauert, bis ich sie so weit stabilisiert hatte, dass überhaupt an eine Redepause zu denken war. Frauen können,
wenn es um ihr Seelenleben geht, eine ziemliche Ausdauer
entwickeln. Eva hat damit den absoluten Rekord aufgestellt.
An diesem Abend habe ich mehr über Liebe und das ganze
Drumherum zu hören bekommen als der Lektor von Rosa-
munde Pilcher. Eva war der festen Überzeugung, dass sie
Schluss machen musste, weil ihr Macker zu langweilig geworden war und sie es wohl keine einzige Minute länger mit ihm
ausgehalten hätte. Sie hatte den Gedanken schon eine gewisse Zeit mit sich herumgetragen, und dann kam er ihr doch
zuvor. Der Ex-in-spe meinte lapidar, dass sie sich verändert
hätte, er sie nicht mehr liebe und dass er übrigens schon seit
ein paar Tagen eine Neue hätte.

Iris ist da wesentlich einfacher zu «handeln». Die Schokolade hat ihr sichtlich gut getan, und nach einer gewissen
Zeit habe ich sie auch so weit, dass sie sich erst mal von

O mein Gott. ----------

Danny abgestoßen fühlt. Es ist zwar nicht die feine Art, jemanden quasi postamourös schlecht zu machen, aber es hilft. Und da Danny mich mal gern haben kann, vergessen wir beide unsere Skrupel und lästern, was das Zeug hält. Iris macht sich wirklich erstaunlich gut, und guten Gewissens kann ich gegen Abend auch eine Pizza bestellen. Wir haben seit Stunden ihr Zimmer nicht verlassen, nur geredet und geschwiegen und trotzdem tut so eine Stärkung Leib und Seele extrem gut. Während ihr der geschmolzene Käse in Fäden aus dem Mund hängt, macht Iris – zu meinem Erstaunen – kauend eine ganz einfache Rechnung auf. «Es gibt 6 Milliarden Menschen auf der Welt, also mindestens 4 Milliarden Menschen, die sich schon einmal verliebt haben. In Deutschland wohnen 80 Millionen Menschen. Die Wahrscheinlichkeit, jemanden zu finden, ist also gar nicht so schlecht. Wenn man noch Amerika, Kanada und Frankreich, die Benelux-Staaten hinzuzählt. Im Weiteren Spanien, Mallorca und so weiter …», sagt sie mit einem tapferen Lächeln. Ich weiß, dass noch eine harte Nacht und noch eine fiese Woche vor Iris liegen. Aber so ist das, auch das gehört dazu, und daran kann selbst der beste Feuerwehrmann nichts mehr ändern. Ich gebe ihr nochmal meine Bereitschaftsnummer und ein paar gute Ratschläge mit auf den Weg, sorge dafür, dass sie gleich im Bett verschwindet, mache ihr noch einen Kurztrip nach Amsterdam schmackhaft, und dann mache ich mich auch wieder auf die Socken. Patient gerettet – wenigstens vorerst –, Feuerwehrmann müde und zufrieden.

Die zwei Straßen in die Stadt gehe ich zu Fuß, genieße die schwere Abendluft und rufe über mein Handy Chris an.

18.10.   0177/7654321:

Nur keine Panik. Bist du jetzt so enttäuscht? ---------

Wir haben schließlich noch ein Date offen, und ich habe nun wirklich Lust auf ein kühles Weizen im Biergarten. Während ich auf Chris warte, trinke ich schon mal mein erstes und lege die Füße hoch. Bis zum nächsten Mal, wenn es wieder heißt Bonn 347656 – die Seelenfeuerwehr ist unterwegs.

0177/1234567:

Nee, aber es ist schon seltsam. Du könntest sonst wer sein.
Ich auch! ----------

[**Ein**

Ein

Sofie Schenkel

Foto

Stefanie Bischoff

Foto

Deborah Scheierl

aus

Lana Lin Turina

aus

Cornelia Silli

jenen

Gabi Neeb

jenen

Daniela van der Pütten

Tagen

Ulrike Böhm

Tagen]

Frederice Ruhose

Sofie Schenkel

Frau Donatis Post

Wir hatten vor unserem Haus in Berlin einen Briefkasten, wie vermutlich jedes Haus einen Briefkasten hat. Das Schloss war schon vor langer Zeit eingerostet, weil es niemand benutzte, stattdessen zogen meine Schwester und ich, wenn wir von der Schule oder vom Spielen nach Hause kamen, die ganzen Briefe und Zeitungen, die Zeitschriften, die meine Mutter abonniert hatte, und die Werbezettelchen durch den Briefschlitz heraus und trugen sie in die Wohnung. Im Winter ging das besser als im Sommer, weil dann unsere winterkalten Hände, die bei all den Schneeballschlachten auf dem Pausenhof fröstelnd zusammengeschrumpelt waren, besser durch den Briefschlitz passten. Im Winter machte es auch mehr Spaß, die Post nach oben zu tragen, weil unsere Wohnung dann angenehm nach warmer Heizungsluft roch und wir unsere nassen Handschuhe auf dem Warmwasserrohr im Bad zum Trocknen aufhängen durften.

Manchmal aber, und das war weniger angenehm, blitzten aus dem Briefschlitz unter unserem die weißen und braunen und grauen Ecken Dutzender Briefe hervor, die zur Hälfte nach außen herunterhingen wie traurige Käsescheiben auf einem alten Mittagspausentoast. An einem solchen Tag sagte unsere Mutter, während sie klappernd die Teller zusammenstellte und uns kleine Schüsseln mit Vanilleeis füllte, jedes Mal: «Ach, Kinder, ihr wart doch sicher schon am Postkasten,

18.10.   0177/7654321:

Wer? ----------------

nicht wahr? Es scheint, als sei Frau Donati wieder krank – bringt ihr doch nachher ihre Briefe nach oben.» Und dann stellte sie die Vanilleeisschüsselchen vor uns hin, als könne sie uns damit die ganze Sache schmackhaft machen, doch wir saßen nur vor unserem Eis und rührten mit dem Löffel einen cremigen Brei daraus und hatten keinen rechten Appetit mehr.

Frau Donati wohnte im fünften Stock unseres Hauses. Unser Haus hatte nur fünf Stockwerke, dafür aber keinen Fahrstuhl, und Frau Donati musste, wenn sie zum Einkaufen oder zum Arzt oder eben zum Postkasten wollte, 20 Minuten einrechnen, bis sie die Treppe hinuntergestiegen war, und eine Stunde für den Rückweg. Frau Donati war nämlich nicht mehr die Jüngste, wie unser Vater erklärte, doch in Wirklichkeit war sie nicht nur das – sie war uralt. Meine Schwester sagte, sie sei mindestens so alt wie eine Schildkröte. Das sagte sie, als sie in der Schule gelernt hatte, dass Schildkröten hundertfünfzig Jahre alt werden. Und tatsächlich hatte Frau Donati einige Ähnlichkeit mit einer Schildkröte, ihre Haut war von tiefen Furchen durchzogen, die im Schummerlicht von Frau Donatis Flur sogar kleine Schatten werfen konnten. Ihr Kopf hing auf gleicher Höhe wie ihre knochigen Schultern, sodass sie ihren Hals hin und her wiegen musste, wenn sie sehen wollte, was links und rechts von ihr vorging, und alle ihre Bewegungen, selbst das Wiegen ihres Schildkrötenkopfes, vollzogen sich in unendlich gemächlicher Langsamkeit. Sogar für ein Blinzeln benötigte Frau Donati eine halbe Minute, und sie wäre in dieser Zeit sicherlich blind durch ihre Wohnung geirrt, gegen ein Möbelstück gelaufen und gestürzt, hätte sie nicht für einen ein-

18.10.   0177/1234567:

Eine Verrückte? Jemand ganz anderes? ----------

zigen Schritt sogar doppelt so lang gebraucht wie für ein
Blinzeln.

Da erübrigt sich nun die Frage, warum Frau Donati den
Weg zum Postkasten scheute, wenn auch nur einen Hauch
von Gliederreißen oder Gastritis oder Sodbrennen ihren emp-
findlichen Magen oder ein anderes ihrer allesamt empfind-
lichen Organe kitzelte, denn sie wusste ja, dass wir spätestens
am vierten Tag mit ihren Briefen die Treppe heraufgetrabt kämen und sie uns auf eine Tasse öligen Kakao in ihre muffige
Wohnung zerren könnte. Ja, vielleicht veranstaltete sie dieses
ganze Theater von ihren reißenden, brennenden Gliedern sogar bloß, um sich in ihren abgewetzten, braun-geblümten Ohrensessel plumpsen zu lassen und uns, die wir uns auf dem
muffigen Sofa zusammengekauert hatten, durch ihre Schild-
krötenaugen eine Weile anstarren zu können.

Doch manchmal – und wir beteten jedes Mal darum, wenn
wir Frau Donati ihre Post bringen mussten – war ein kleiner,
rot umrandeter Umschlag darunter mit einer grünen italienischen Briefmarke in der rechten oberen Ecke und einer ge-
schnörkelten italienischen Adresse auf der Rückseite, und
wann immer die alte Frau einen solchen Brief erblickte, vergaß sie ihren Kakao und ihren braun-geblümten Ohrensessel,
ließ uns den Brief mit spitzen Kinderfingern aufreißen und
schickte uns dann weg, die Augen bereits auf das fein gefal-
tete Papier gerichtet und die Hand zu einem abfälligen Wedeln
in unsere Richtung erhoben. Wir fragten uns, von wem diese
Briefe wohl seien, doch das weniger aus Neugier als aus dem
Bedürfnis heraus, dem Briefschreiber aus tiefstem Herzen
dankbar sein zu dürfen. Frau Donati war ihm offenbar auch
dankbar, denn ihre milchig-trüben Augen schienen jedes Mal

0 1 7 7 / 7 6 5 4 3 2 1 :

Du bist vielleicht jemand anderes! Ich bin, wer ich vorgebe
zu sein. -----------------

ein wenig klarer zu werden, wenn sie zwischen all den braunen und weißen Umschlägen eine rote Kante erspähten, und die alte Dame schien sich nun sogar ein wenig schneller zu bewegen; sie streifte unser Haar nur kurz, anstatt es eine halbe Stunde lang zu tätscheln, und riss uns die Briefe förmlich aus der Hand. Ich würde fast sagen, Frau Donati hatte Herzflattern, wenn sie ihre rot umrändelte Post bekam, und ich bin mir sicher – auch wenn meine Schwester es jedes Mal anzweifelte –, mehr als einmal beobachtet zu haben, wie sich unter ihrer blassgrünen Strickjacke Frau Donatis Herz zu regen begann und sich in seinen kleinen Hüpfern unter dem dicken Wollgewebe abzeichnete. Dann färbten sich ihre unsichtbaren Lippen und ihre aschfahlen Hängebacken plötzlich ein bisschen rosa, und ihre Augenlider begannen zu blinzeln wie die zarten Flügelchen eines Kolibris. Dann freuten wir uns immer für Frau Donati, nicht nur für uns selbst, sondern auch für sie, weil sie plötzlich so glücklich war und fast gar nichts mehr von einer Schildkröte an sich hatte.

Die meiste Zeit jedoch konnten wir Frau Donati nicht leiden und wünschten uns auch nicht, dass sie glücklich wäre, wir wünschten uns vielmehr, dass sie fortginge und ihren ganzen verteufelten Postkasten, mit ihrem italienischen Namen daran, mitnehmen würde und ihren öligen Kakao dazu. Doch Frau Donati dachte offenbar nicht daran, uns zu verlassen, und so befahl sie uns weiterhin fast jede Woche, dass wir uns auf ein Viertelstündchen in ihr Wohnzimmer setzen sollten, um uns wie ein tollwütiges Kaninchen durch ihre kleinen, rot umränderten Augen zu taxieren. Aus lauter Verzweiflung war mir in einer dieser schrecklichen Situationen die Frage nach den italienischen Briefen rausgerutscht, da erschien auf

18.10.   0177/1234567:

Na, von mir aus ...;-) ------------

ihrem schildkrötenhäutigen Gesicht plötzlich wieder jenes versonnene Strahlen, als sei hinter ihren kleinen, schweren Äuglein schlagartig die Sonne aufgegangen, doch die alte Frau hüllte sich in viel sagendes Schweigen und schien mir für einen Moment wie von einer dicken Wolke seliger Wehmut umwabert.

Eines Tages brachten wir Frau Donati einen anders umrändelten Brief – seine Kanten waren schwarz, und in der linken oberen Ecke klebte ein kleiner goldener Engel. Frau Donati bekam oft solche Briefe, fast schien es, als könne man ihre Post in die Briefe mit roten Kanten, die mit schwarzen Kanten und die ohne Kanten unterteilen – die ohne Kanten waren ihr egal. Meiner Schwester gefiel der goldene Engel; sie haderte vor Frau Donatis Tür eine Weile mit sich, doch als ich drängelte und die Klingel drücken wollte, zog sie mit ihren kleinen lackierten Nägeln den Engel ab und steckte ihn in die Tasche. Dann klingelte ich und reichte Frau Donati die Post. Sie schlurfte in die Küche und kochte Kakao, während wir auf ihrem Sofa Platz nahmen. Meine Schwester holte ihren kleinen Goldengel aus der Tasche und betrachtete ihn. Sie klebte ihn auf die Fingerspitze ihres Zeigefingers und ließ ihn durch den Raum fliegen, sie sagte kein Wort dabei, hielt den Kopf nur immer so, dass sie ihrem Engel, in welcher Lage er sich auch befand, in sein kleines Goldgesichtchen blicken konnte. Als Frau Donati nach einer geschlagenen halben Stunde mit einem morschen Servierbrett ins Wohnzimmer geschlurft kam, auf dem sie unsere speckigen Kakaotassen balancierte, ließ meine Schwester das Englein eilig wieder in ihrer Tasche verschwinden und betrachtete gelangweilt ihre lackierten Nägel.

0 1 7 7 / 7 6 5 4 3 2 1 :

Wie nett, dass du das gleich akzeptierst! ----------

Auf dem Brett lagen noch die ungeöffneten Briefe und ganz oben der schwarz umrändelte, auf dem noch die Klebstoffspuren des Goldengels zu sehen waren, die Frau Donati ohne ihre Brille allerdings nicht erkennen konnte. «Jungchen», krächzte sie, «heute habe ich doch tatsächlich einmal meine Brille verlegt. Du willst mir die Briefe also vorlesen!» Sie tat so, als verlege sie sehr selten ihre Brille, was schlicht gelogen war, und sie tat so, als wolle ich ihr die Post nur allzu gerne vorlesen, was eine noch viel größere und empörendere Lüge war, doch ich fügte mich. Meine Hände zitterten ein bisschen, als ich den Umschlag mit den schwarzen Kanten aufriss, zwar zuckte Frau Donati nie mit der Wimper, wenn ich ihr vorlas, wer gestorben war, doch insgeheim fürchtete ich jedes Mal, sie bräche in Tränen aus, und dann würden wir sie trösten und in den Arm nehmen und ihren Schildkrötenpanzer tätscheln müssen, und womöglich würde sie uns dann zwingen, bis zum Abendessen zu bleiben, und wir könnten nicht ablehnen, weil wir nicht rücksichtslos sein dürften.

So las ich also fröstelnd sehr laut und in langsamem Buchstabiertempo: E - R - N - E - S - T - O   B - E - R - N - A - R - D - O   D - O - N - A - T - I . Ich hätte auch noch den Rest vorgelesen, doch der Teil, der normalerweise von großer Trauer und ewig geliebten Brüdern, Schwestern und Eltern handelt, war in Italienisch verfasst.

Das sagte ich Frau Donati, doch Frau Donati sagte gar nichts, sie zuckte auch nicht mit der Wimper, sie zuckte mit gar nichts. Sie brach auch nicht in Tränen aus und bat uns auch nicht, zum Essen zu bleiben, und sie bewegte sich noch immer nicht, als wir sie schon tausendmal in den Arm ge-

18.10.   0177/1234567:

O ja, ich bin immer nett! Du mehr noch: da du nun mal ein Mädchen bist … ----------

nommen und ihren Schildkrötenpanzer flüchtig getätschelt
hatten und unser Kakao schon längst kalt war. Sie saß noch
immer in der gleichen aufrechten Haltung, in der sie in ihren
Ohrensessel geplumpst war, doch ihre Schultern waren ein
gutes Stück nach unten gesunken, und das Kinn an ihrem
Schildkrötenkopf lag auf ihrer Brust genau zwischen den beiden wogenden Hängebusen. Ihre Arme baumelten rechts und
links den Ohrensessel runter, und sooft wir versuchten, sie auf
Frau Donatis Schoß zu falten, damit sie ein wenig gefasster
aussähe, rutschten sie kraftlos wieder an ihre alte, trostlose
Position.

Meine Schwester schlug vor, unsere Mutter zu rufen, doch
Frau Donati hatte weder Telefon, noch traute sich einer von
uns allein bei ihr zu bleiben, und so rannten wir beide angst-
schweißgebadet die Treppe hinunter und klingelten Sturm an
unserer Wohnungstür.

Frau Donatis Geschichte hat ein sehr seltsames Ende, denn als
wir mit unserer Mutter an der Hand in die Wohnung zurück-
kamen, atemlos, hechelnd und angsterfüllt, da war Frau Donati verschwunden. Sie ließ sich in keinem ihrer vier Zimmer
finden und auch nicht in der Küche und im Bad. Wir sahen
sogar in der Rumpelkammer nach und warfen einen verstoh-
lenen Blick hinter den Duschvorhang, doch Frau Donati blieb
verschwunden. So standen wir ratlos in der Küche, als meine
Schwester sich plötzlich drehte und wendete und schließlich
Richtung Wohnzimmer tappte. Es war ein kalter Windhauch
in der Küche zu spüren, ein Zug, der die Haare meiner Mutter
leise zum Wehen brachte, feuchte und eisige Böen, die aus
dem Wohnzimmer herüberkrochen. In der Eile hatten wir es

Ja? ----------------

nicht bemerkt, doch nun stand meine kleine Schwester da und starrte mit entsetzten großen Augen meine Mutter an, die ihr ins Wohnzimmer gefolgt war, stand da und schien von dem eisigen Wind, der durchs Fenster pfiff, wie erstarrt und erfroren. Das Fenster stand weit offen, und als meine Mutter und ich ans Fensterbrett stürzten und hinunterblickten, war da auf der raureifbepuderten, hart gefrorenen Erde ein großer geblümter Fleck in Form von Frau Donati zu sehen.

Wir blieben in der Wohnung und starrten auf Frau Donati hinunter, bis das Tatütata eines Feuerwehrwagens zu hören war, dann warteten wir noch eine Weile, bis Frau Donati abtransportiert wurde und ein junger, klug aussehender Mann einige Male zu ihrem geöffneten Fenster heraufgeblickt hatte. Schließlich gingen wir. Meine Mutter hatte einen Arm um meine Schwester gelegt und mich an der Hand. Sie hatte das Fenster geschlossen und dabei fassungslos ausgesehen, und dann hatte ihr Blick beim Hinausgehen eine winzige Sekunde lang einen weichen, schwarzweißen Briefumschlag gestreift und war an einem kleinen Engel aus Goldfolie hängen geblieben, dessen dünne, goldene Ränder sich ein bisschen wellten.

18.10.   0177/1234567:

Schick ich dir sogar eine Rose. Hier kommt sie: @-,- ----------

FOTO VON *Stefanie Bischoff*

Deborah Scheierl

Der Schnitt

«Darf ich dich rasieren?», hatte sie gefragt. Sie hätte ihn um alles bitten können, er hätte ihr alles erlaubt. Sie war wirklich atemberaubend. So klar und gleichzeitig niemals gemein oder verletzend. Nie, nie, nie wollte er sie verlieren. Und so saß er jetzt da, sie über sich gebeugt, und wie in Zeitlupe schien sie ein Haar nach dem anderen mit dem Rasierer abzuschneiden. Mit jedem dieser Haare schien sie einen sehr wichtigen Teil von ihm mitzunehmen, doch er hinderte sie nicht. Sie gab ihm alles, sie hätte ihm auch alles nehmen dürfen. Alles, nur nicht sich selbst. Ohne sie würde er wohl nichts aushalten. Und so fuhr sie ihm immer wieder mit dem Rasierer über das Gesicht, und nach jedem Strich küsste sie ihn auf die frisch rasierte Stelle. Er war ihr erster Freund. Er hatte schon viele Freundinnen gehabt, aber sie schien im Vergleich mit den anderen so wundervoll. Und eigentlich schien sie auch viel zu selbstbewusst, um das erste Mal eine Beziehung zu führen. Sie wusste, was sie wollte und was nicht. Außer sie stand vor einem Süßigkeitenregal. Da konnte sie sich nur schwer entscheiden. Meistens nahm sie dann nichts. Deshalb war sie vermutlich auch so dünn. Aber oft suchte er dann einfach etwas aus, von dem er wusste, dass sie es liebte. So hatten sie sich auch kennen gelernt: vor dem Süßigkeitenregal, sie mit riesigen Augen, er mit einer frischen, vollen Tüte. Bei Liebeskummer hatte er das immer so gemacht. Mit einer großen Süßigkei-

18.10.   0177/7654321:

Oh, danke, toll. Ich hab aber gar keine Vase ... ----------

tentüte vor dem Fernseher. Und dann hatte er sie einfach zu
sich eingeladen, nachdem sie sich auf seine Aufforderung hin
aus seiner Tüte bedient hatte. Er hätte nicht geglaubt, dass ein
Mädchen mit einem fremden Jungen mitgehen würde, erst
recht nicht mit einem, der tiefe Augenringe hatte und auch
sonst nur noch nach Liebeskummer aussah. Aber sie war mit
ihm mitgekommen. Das hatte ihn total verblüfft. So großes
Vertrauen! Vertrauen. Daran war seine letzte Beziehung ge-
scheitert. In diesem Moment hatte er gemerkt, dass er sich gegen seinen Willen verliebt hatte. Er fand Leute, die sich nach
einer Beziehung sofort wieder verlieben, unmöglich. Und
trotzdem hatte er mit allen Mitteln versucht, sie zu überzeu-
gen. «An was denkst du?» Ihre Frage riss ihn aus seinen Gedanken. «Daran, wie wir uns kennen gelernt haben.» – «Das
ist jetzt schon fast ein halbes Jahr her. Warum denkst du so oft
daran?» Weil es der einzige Tag in meinem Leben war, an dem
ich eine Freundin verloren und eine neue bekommen habe,
dachte er. Aber laut sagte er: «Weil dieser Tag mein Leben verändert hat. Positiv.» Sie schloss ihm mit einem Kuss den
Mund. «Meines auch.» Sie machte weiter. «Weißt du, an dem
Tag, als wir uns getroffen haben, da . . .» – «Nicht reden, sonst
schneid ich dich noch.» Aber er wollte es ihr unbedingt sagen.
Er hatte immer ein schlechtes Gewissen gehabt, weil sie nichts
wusste. Jetzt wollte er es loswerden, egal mit welchen Folgen.
«An dem Tag, als wir uns getroffen . . .», er zuckte zusammen.
Sie hatte ihn geschnitten. Es fühlte sich nicht tief an, aber es
brannte. Er spürte, wie das Blut an seiner Wange hinunterlief
und auf ihre Hand tropfte. Sie hielt extra ihre Hand hin, als sei
sein Blut so kostbar, dass kein Tropfen davon verloren gehen
dürfe. Sie flüsterte, es täte ihr Leid. «Warum tut dir immer al-

les Leid? Du kannst überhaupt nichts dafür! Ich war es. Ich habe geredet, und dabei kann man nicht rasieren!», schoss es ihm durch den Kopf. «Außerdem ist das auch gar nicht so schlimm!» Sie hatte ihn gerade auf seine Wunde küssen wollen, als sie zurückwich. Ihm wurde schmerzlich bewusst, dass er es ausgesprochen hatte. Nein, nicht nur ausgesprochen, angebrüllt hatte er sie. Er sah noch, wie ihr die Tränen in die Augen schossen, dann drehte sie sich weg und lief ins Bad. Er hörte, wie sie absperrte. Verdammte Scheiße. Wieso hatte er das nur gesagt? Warum hatte er es überhaupt gedacht? Er stand auf und ging zur Badtür. «Tut mir Leid.» Jetzt sagte er auch noch das Gleiche, weswegen er sie gerade angeschrien hatte. Bestimmt würde sie gleich auch noch wütend. Was sollte er tun? Aber zu seiner Verwunderung hörte er sie «Ist schon gut» antworten. Er hörte sie leise weinen. Wie gerne wollte er sie jetzt in den Arm nehmen und trösten, aber er traute sich nicht, sie zu bitten, ihm die Tür aufzumachen. Er fühlte sich so verlassen. Langsam rutschte er die Tür hinunter, bis er an sie angelehnt saß. Er barg das Gesicht in den Händen und weinte auch. Irgendwann hörte er kein Geräusch mehr in seinem Rücken und hoffte, sie hätte sich beruhigt und würde ihm öffnen. Doch nichts geschah. Er wartete, und irgendwann schlief er vor Erschöpfung ein.

Er wachte auf. Mit einem Blick aus dem Fenster stellte er fest, dass es noch dunkel war, stand auf und knackte das Badschloss mit einer Münze. Als er die Tür vorsichtig öffnete, sah er sie direkt hinter der Tür liegen, mit seinem Handtuch zugedeckt. Er roch sein Parfüm. Trotz der Tränenspuren – oder gerade deswegen – sah sie schön aus. Leise machte er die Tür wieder zu und hoffte, sie nicht zu wecken. Mit der Münze ver-

18.10. 0177/7654321:

Klasse. Was für eine schöne Vase. Echt stilvoll! ----------

schloss er die Tür wieder von außen. Er holte seinen Geldbeutel und ging aus seiner Wohnung. Langsam ging er durch die schlafende Stadt. Er sah in die Schaufenster der Geschäfte und dachte zurück an das einzige Foto, das er von ihr hatte. Sie stand mit ihrem Vater, den er niemals kennen gelernt hatte, weil er schon gestorben war, vor einem Schaufenster und sah sich die Eisenbahn an, die man verschwommen erkennen konnte. Ihre Mutter hatte das Foto gemacht. Sie hatte ihm erzählt, das sei der einzige Tag in ihrem Leben gewesen, an den sie sich erinnern könne, den sie mit beiden Eltern verbracht hatte. Er lächelte. Warum lächelte er jetzt? Lautlos buchstabierten seine Lippen das Wort «Blödmann». Auf der Suche nach einem Grund zu lächeln, schweifte sein Blick nach oben. Er erschrak. Ein tränenüberströmtes, halb rasiertes Gesicht starrte ihm aus der Scheibe entgegen. Er hatte nicht bemerkt, wie er angefangen hatte zu weinen, und wandte sich beschämt ab. Er ging weiter und merkte, wie die frische Nachtluft seinen Kopf kühlte.

Langsam sah er die Sonne aufgehen. Er wartete vor der Tür eines Ladens, bis dieser aufmachte. Mit seinem Kauf ging er eilig zurück zur Wohnung, wo er sich den Rasierschaum und das Blut abwusch und sich in sein Bett legte. Als sie aufwachte, die Augen tränenverklebt, lag eine Tüte voller Süßigkeiten neben ihr.

0 1 7 7 / 1 2 3 4 5 6 7 :

So bin ich ... ------------------------

Liebe ist undefinierbar

FOTOS VON *Lana Lin Turina*

Cornelia Silli

im regal der liebe

– SIEBEN TAKTE –

Muss weg, zur Uni – tschüs. ----------

EINS

im regal der liebe

ich habe
musik
für dich
an die seite
gestellt

für zeiten

Tschüs! ---------------

ZWEI

im regal
habe
musik

dich

an die seite

gestellt

für andere zeiten

DREI

egal
   lieb

   ich
dich
      an die seite

          gestellt

für zeit

und VIER

al e lie

e

m si

für dich

a se it

tell t

ür zei te

Na, wie geht's? -------------

FÜNF

i lieb

i ha b
    mu si
             f di c
         a di e sei
                ge te ll

fü zei

Lange nix mehr von dir gehört! ----------

6

gal de lieb

e

musi k

für di

a di se it

stell t

fü zei t

Du hast mich noch nie gehört! -------------

und ...

liebe

a

  u

         r ch

    a ie ei e

           ll t

für alle zeit

0 1 7 7 / 1 2 3 4 5 6 7 :

Ha! Würde es sich denn lohnen? ----------

FOTOS VON *Gabi Neeb*

Daniela van der Pütten

Eine Lebensgeschichte

Ganz vorsichtig und behutsam zieht Grete die Platte aus der Hülle. Ihr Lied. Paul und Grete. Paul liebt Grete. Sie lächelt. Das hatten die Kinder in der Schule ihnen immer nachgerufen. Paul und ihr. Seid wann sie ihn kennt? Sie kann sich nicht mehr erinnern, war wohl noch zu klein, aber trotzdem glaubt sie fest daran, dass sie schon in diesem Moment ihre Seelenverwandtschaft gespürt hat.

Von da an hat sie Paul geliebt, auch wenn sie es manchmal nicht wusste. Der kleine Bauernhof ihrer Eltern stand neben der kleinen Schmiede von Pauls Vater, eine Mutter hatte Paul nicht, die war mit einem anderen davongelaufen, so munkelte man. Gretes einfache, warmherzige Eltern empfanden tiefes Mitleid für den einzigen Sohn des Schmiedes, dessen Vater, ein schweigsamer, in sich gekehrter Mann, nur so wenig Zeit für sein Kind hatte. So war Paul in Gretes Familie stets willkommen. Es war eine schöne Zeit.

Gretes größter Schatz ist ein Foto aus diesen Tagen. Es zeigt sie und Paul auf der Schaukel im Garten, die dicht neben dem alten Birnbaum stand. Grete schwingt gerade hoch in der Luft, sodass ihr blau-weiß gestreites Kleid im Wind flattert und einzelne Strähnen sich aus dem strengen Zopf lösen, um in ihr Gesicht zu wehen. Sie lacht voller Übermut, was sie so oft mit sich überschlagender Stimme tut. Pauls Schaukel steht still. Er sitzt auf dem alten Holzbrett, seine Beine baumeln in

2 9 . 1 0 .   0 1 7 7 / 7 6 5 4 3 2 1 :

Also hör mal ... ----------------

der Luft, während er Grete nachdenklich anschaut. Wenn sie das Bild Fremden zeigt, erschrecken diese oft über die seltsame Ernsthaftigkeit, die der kleine Junge ausstrahlt. Aber gerade deshalb liebt Grete das Foto. Weil sie es besser weiß. Und weil es sie an den Paul von damals erinnert. Am liebsten haben sie irgendwo zusammengesessen und geredet, über alles, ganz ernsthaft, aber auch ungeheuer albern. Dann hat Paul lauthals gelacht, und sie musste ihn immerzu angucken: seine warmen braunen Augen, die gerade, fein geschnittene Nase und den weich geschwungenen Mund mit den auffallend spitzen Eckzähnen. Für Grete war Paul immer der Schönste. Sie verehrte seine zurückhaltende, vorsichtige Art und seine Fähigkeit, dennoch ausgelassen und fröhlich zu sein. Niemals hat sie darüber nachgedacht, dass sie, Grete, es war, die diese Saite in ihm zum Klingen brachte.

Er brauchte sie mindestens genauso wie sie ihn, nur drückte Paul seine Gefühle subtiler, weniger offenherzig aus. Doch Grete hat ihn verstanden. Sie haben einander immer verstanden, auch wenn sie so manches Mal unterschiedlicher Meinung waren. Wie oft haben sie draußen neben dem Birnbaum im Gras gelegen und sich die Köpfe heiß geredet und wie gut haben sie sich dabei kennen gelernt!

Als Adolf Hitler am 1. September 1939 verkündete, Polen sei in der Nacht mit regulären Soldaten auf deutsches Territorium vorgedrungen, waren Paul und Grete gerade achtzehn. Die folgenden Jahre waren geprägt von einer lebensnotwendigen Selbstverleugnung, die unerträglichen Selbsthass mit sich zog.

Beide hatten Hitler von Anfang an durchschaut. Sie ahnten früh die Gefahr, die von diesem begnadeten Redner ausging,

0177/1234567:

Moment … ----------

weil er es verstand, die Menschen in seinen Bann zu ziehen. Grete schüttelte den Kopf. Sie will die Gedanken an diese Zeit vertreiben, in der sie fassungslos zuhörte, wenn man von der Reinheit der deutschen Rasse und den nichtarischen Untermenschen sprach, als die Lügen über deutsche Siege im Radio verbreitet wurden und als immer mehr Juden verschwanden. Das war das Schlimmste. Sofort sieht Grete wieder diese Bilder vor sich: ausgemergelte Körper, kahl geschorene, gequälte Menschen. Vor einigen Jahren war sie mit Paul im ehemaligen Konzentrationslager Auschwitz gewesen. «Arbeit macht frei», las sie auf dem Eingangstor. Da hatte sie angefangen zu weinen. Und sie hat nicht wieder aufgehört, als sie an Pauls Arm geklammert durch die Gedenkstätte ging. Sie haben beide geweint, und er hat sie mit seiner Schwäche gestützt. Damals waren sie sich so nah wie nie. Damals, als sie zusammen über ihre Mutlosigkeit, ihr Versagen und ihre Schuld weinten.

Nur noch einmal hatte Grete ähnlich tief empfunden. Es war kurz nach Kriegsende. Sie lebte noch immer bei ihren Eltern in dem kleinen Dorf, in dem sie geboren war. Obwohl der ländliche Ort von den meisten Grauen des Krieges verschont worden war, wusste Grete Bescheid. Vor einer Ewigkeit, so schien es ihr, war Paul, ihr friedensliebender, gerechter Paul, eingezogen worden, und von da an hatte er ihr Briefe geschrieben. Traurige, entsetzte, wütende Briefe, die von der Unmenschlichkeit des Krieges berichteten. Jeder einzelne hatte Grete wehgetan. Sie konnte die Vorstellung kaum ertragen, dass Paul all dieses Leid miterleben musste, während sie unbehelligt leben durfte. Liebe ist, wenn man sich wünscht, dass es dem anderen besser geht als einem selbst, denkt Grete.

29.10.   0177/1234567:

›☎‹ -----------------

Irgendwann waren die Briefe ausgeblieben, und sie konnte die tägliche Ungewissheit kaum ertragen. Jeden Tag dachte sie an Paul, und jede Nacht träumte sie von ihm. Albträume von toten Soldaten, von gefangenen Soldaten, von gefolterten Soldaten.

Doch dann eines Tages, sie saß gerade wie so oft in Gedanken versunken am Küchentisch mit einer Tasse Brennnesseltee, hörte sie Schritte. Wie oft hatte sie Schritte gehört, wie elektrisiert aufgehorcht und gebannt auf die Küchentür gestarrt! Doch dann waren es immer Nachbarn und Freunde gewesen, und Gretes Enttäuschung war jedes Mal grenzenlos. Ihre Traurigkeit und Verzweiflung nahmen nicht ab. Von wegen Zeit heilt alle Wunden. Als also an diesem Tag die Holzdielen im Flur unter schweren Stiefeln knarrten, horchte Grete wie selbstverständlich auf und starrte gebannt auf die Tür. Die Klinke wurde vorsichtig heruntergedrückt, und Grete hielt den Atem an. Es war Paul.

Sie erwachte wie aus einem langen Schlaf. Ihre schwere, seufzende Seele entflog aus Bedrückung und Niedergeschlagenheit in nie gekannte Höhen.

Grete sprang auf, stürzte auf Paul zu und umklammerte ihn wortlos. Gerade in diesem Moment spielte man im Radio das Lied, das von nun an «ihr Lied» war.

Welche Probleme und Sorgen auf sie zukommen würden, war den beiden egal. Ihre Seelen waren wieder vereint. Grete und Paul glaubten fest an Seelenverwandtschaft.

In den folgenden Jahren haben sie gekämpft. Tod, Angst, Grausamkeit, Demütigung und Scham haben sie verarbeitet. Nicht mal eben so, sondern langsam und quälend. Aber irgendwie haben sie es zusammen geschafft.

0 1 7 7 / 7 6 5 4 3 2 1 :

›☎‹ ------------------

Natürlich waren sie auch glücklich. Oft sogar. Ihr gemeinsames Leben war voll Intensität und Glück. Bis jetzt.

Grete legt die Platte auf. Die Nadel berührt das Vinyl, und kurz darauf erklingen die ersten Töne. Es ist ihr Lied. Grete sieht Paul an. Er liegt da, apathisch, mit stumpfem Blick. Der Glanz in seinen Augen ist verschwunden und mit ihm die Erinnerung.

Paul hat Alzheimer.

Im letzten Stadium, wie man so grausam sagt. Schon lange erkennt er Grete nicht mehr. Seine verwirrten Worte treffen sie wie Messerstiche. Jetzt spricht er gar nicht mehr, ist nur noch eine leblose Hülle.

Grete hat gewusst, dass er sich nicht an das Lied erinnern kann, aber sie hat es nicht wissen wollen, hat lange gezögert, es ihm vorzuspielen. Hat so auf eine Reaktion gehofft, und wäre es nur ein kurzes Aufleuchten seiner Augen gewesen.

Aber Pauls Seele hat ihn und damit sie verlassen. Das hat Grete jetzt endgültig verstanden. «Ich will sterben», denkt sie, damit ich wieder mit ihm vereinigt bin. Sterben.

Die letzten Töne des Liedes verklingen.

29.10. (abends) 0177/1234567:

Ich mag dein Lachen. ----------

FOTO VON *Ulrike Böhm*

0177/7654321:

Danke, gleichfalls. ------------------

Frederice Ruhose

Der Gips

Der Tag, an dem sie beschloss, sich in Gips zu verstecken, war ein sehr warmer Tag. Eigentlich hatte sie ja die ganzen regnerischen Tage lang mit dem Gedanken gespielt, sich in Gips zu verstecken. Dann hätte auch das Wetter gepasst. Aber den wirklichen Mut für diese Tat, den fühlte sie erst heute, obwohl es eigentlich zu warm dafür war. Sie holte das blaue Wäschefass und trug es in den Garten hinaus.

Das Fass war schwer durch das Wasser, und sie schwappte etwas Wasser auf den Rasen und über ihr Kleid.

Ja, sie hatte ihr schönstes Kleid angezogen. Genau das Kleid, in dem sie ihren Mann das erste Mal verführt hatte. Eigentlich passte es nicht mehr so gut. Aber sie war trotzdem wunderschön. Den Gips hatte sie vor langer Zeit gekauft. Der hatte all die Zeit geduldig auf sie gewartet. Auf ihren Mut.

Langsam ließ sie das weiße Pulver in das Fass gleiten. Langsam. Langsam, damit keine Klumpen entstanden.

Sie ging nochmal zurück zum Haus, in dem sie all die Jahre ja glücklich mit ihrem treuen Gatten gelebt hatte, und holte ihre gesamten Bettlaken und eine Schere.

Sie löste ihre Haare. Mit einem Schwung fielen sie ihr den Rücken hinunter und dann durch einen einzigen Schnitt weiter auf den Fußboden. Nein, im Gips brauchte sie die langen Haare nicht. Ihr Mann sicher, der hätte lieber eine Gipsstatue

29.10. (abends)   0177/1234567:

Bist du genauso hübsch wie dein Lachen? -----------------

mit langen Haaren gehabt. Sie war sich sicher, dass er im Garten einen Platz für sie finden würde, an dem ihre kurzen Haare nicht als Erstes ins Auge fallen würden. Sie kannte ihren Mann.

Sie ließ die Haare einfach auf dem Fußboden liegen und ging in den Garten zurück. Dann schnitt sie die Bettlaken entzwei, fein säuberlich in lange Streifen, und tauchte sie langsam in den Gips. Der Stoff saugte sich dankbar voll.

Jetzt wurde sie ein wenig aufgeregt.

Langsam legte sie sich den ersten Lappen um die Füße und spürte den warmen Gips auf ihrer Haut. Langsam arbeitete sie sich empor. Die Beine verschwanden im Gips, dann der Bauch und ihr Busen. Dann der Hals und ihr Kopf.

Dann begannen die Schwierigkeiten. Den linken Arm konnte sie noch mit Mühe und Not einwickeln, aber dann war ja der rechte Arm übrig. Er lugte aus der weißen Gestalt hervor und schien gar nicht mehr zu ihr zu gehören.

Tränen des Zorns stiegen ihr in die Augen.

Da kam ihr Mann nach Hause. Er fand die Haare auf dem Boden und trat dann in den Garten. Langsam.

Dort stand seine Gipsfrau. Sie hatte das Kleid an, in dem sie ihn das erste Mal verführt hatte. Sie war wunderschön.

Er sah den verzweifelten rechten Arm seiner Gipsfrau und ging auf sie zu. Stellte sich nah, nah heran. Durch ihre Gipswand hörte sie seinen Atem. Er küsste ihren Gipsmund, und dann kniete er sich nieder zu ihren Füßen und nahm den noch lebendigen Arm in seine Hände. Er küsste die schon kalten Finger.

Er rührte neuen Gips an und tauchte die letzten Tuchstreifen in den Gips. Dann legte er ihn liebevoll über die Fin-

Soll das jetzt charmant sein? ----------

ger seiner Frau und verstrich den Gips sehr sorgfältig. Er konnte nicht verstehen, warum sie sich die Haare abgeschnitten hatte. Er würde im Garten einen Platz für sie finden müssen, an dem ihre kurzen Haare nicht als Erstes ins Auge fielen.

29.10. (abends)   0177/1234567:

Das WAR charmant!! ----------------

[

Keine

Mareike Krügel

Katrin Brauner

Opelrück-

Susanne Becker

Katharina Hahlbohm

bank mit

Alexander Kempf

Julia Nohr

Hunde-

Cellina von Mannstein

Anna Kaleri

decke

]

Mareike Krügel

Initiation

Ich sah nicht schlechter aus als Melanie, und ich war nicht weniger entschlossen. Trotzdem bekam sie einen großen Blonden ab, mit dem sie sich auf der sonst leeren Tanzfläche mit winzigen Schritten in winzigen Kreisen drehte, und für mich blieb sein kleiner dackelbrauner Freund, dessen Gesichtsausdruck verriet, dass er seinerseits auch lieber Melanie mitgenommen hätte. Wir bekamen also beide nicht das, was wir wollten, immerhin war das so etwas wie eine Gemeinsamkeit. Nur kein Gesprächsthema. Am liebsten wäre ich nach Hause gegangen und hätte mich mit meinem Sahara-Bildband ins Bett gelegt. Wir lehnten nebeneinander, mit dem Rücken an der Theke, und starrten geradeaus.

«Willst du auch tanzen?», fragte der dackelige Freund, dessen Namen ich vorhin nicht so recht verstanden hatte. Ich hörte seine Stimme zum ersten Mal, er hatte den ganzen Abend noch kein Wort an mich gerichtet.

«Um Gottes willen, nein!», sagte ich und fasste mir ärgerlicherweise ans Ohrläppchen.

«Wollen wir gehen?», fragte der Dackel. Wenn es wenigstens ein Samstagabend gewesen wäre, dann hätte es noch eine gewisse Auswahl gegeben. Ich zuckte mit den Schultern, kramte aber gleichzeitig schon mein Portemonnaie aus der Handtasche, um mein Spezi zu bezahlen. Mich einladen zu lassen, wäre mir vorgekommen wie eine Vorauszahlung.

29.10. (abends)   0177/7654321:

Na, ich danke recht schön. Sehr edel! ----------

Ich besaß eine riesige Handtasche, wie es gerade Mode war, eher eine Einkaufstasche, mit langen Trageschlaufen und nur einem einzigen Fach. Ganz unten auf ihrem Grund lag etwa ein Dutzend Kondome. Das schien mir sicherer zu sein, man kannte ja diese Geschichten: zerrissene, zerlöcherte oder sogar vertrocknete Gummis … Wir hatten die ganze Packung aufgeteilt, Melanie und ich.

«Wie heißt du nochmal?», fragte ich, als wir auf der Straße standen, und er sah mich so verletzt an, dass ich mir schon wieder ans Ohrläppchen fasste. Aber schließlich konnte ich nichts dafür, dass sein Freund vorhin so genuschelt hatte, und außerdem sollte er froh sein, dass ich überhaupt fragte. Vorher, meine ich.

«Rüdiger.»

Hätte ich nur nicht nachgefragt. Ich beschloss, bei der Bezeichnung «Dackel» zu bleiben, das erschien mir sogar großzügig. Wir gingen nebeneinander her, denn er war nicht mit dem Auto unterwegs, Gott sei Dank. Ich wollte keine Opelrückbank mit Hundedecke, sondern eine anständige Wohnung mit einem anständigen Bett, und, wenn es ging, auch noch einem anständigen Blutfleck auf dem Laken. Mir reichte das als Abenteuer. Wir schwiegen. Meine Frage und seine Antwort hatten uns beiden das Interesse an weiterem Informationsaustausch ausgetrieben. Ich wollte nichts, gar nichts über sein Leben wissen, jetzt nicht mehr. Ich war zufrieden, mit einem Dackel namens Rüdiger ins Bett gehen zu müssen; noch mehr Realität konnte ich nicht vertragen.

Als wir vor seiner Wohnungstür angekommen waren, sagte Rüdiger: «Na, dann wollen wir mal», und drehte den Schlüssel. Ich hatte inzwischen zu überhaupt nichts mehr Lust. Was erwartete er denn? Dass ich vor Freude in die Luft ging, weil er sich dazu herabließ, seine wahrscheinlich unbezahlbaren Erfahrungen mit mir zu teilen? Ich pfefferte meine Jacke und meine Stiefel in die Ecke des Hausflurs und schritt zügig auf die Tür mit dem Milchglasfenster zu, die ich für die Klotür hielt.

Im Spiegel sah ich mein Gesicht an und rieb ein bisschen unter meinem rechten Auge herum, aber eigentlich sah ich ganz in Ordnung aus, nicht einmal meine Stirn glänzte. Neben mir stand der Klodeckel offen, und es roch nach Klo. Insgeheim gab ich dem Dackel einen Pluspunkt, dass er keinen frühlingsduftenden Klostein verwendete, von deren Geruch mir immer übel wurde, sodass ich mich nur mit zugehaltener Nase hinsetzen mochte. Einen Minuspunkt gab ich ihm für den offenen Deckel. So weit stand es eins zu eins. Unentschieden war kein schlechtes Ergebnis für ein Badezimmer. Ich tastete noch einmal in meiner Handtasche herum, um mich zu versichern, dass die Kondome noch alle da waren, wo sie hingehörten, und holte tief Luft. Dabei sog ich eine ganze Menge Klogeruch ein. In einer halben Stunde konnte alles vorbei sein. Ich fragte mich, wie weit Melanie inzwischen mit ihrem Blonden gekommen war. Vielleicht standen sie noch immer auf der Tanzfläche und drehten sich mit winzigen Schritten in winzigen Kreisen, um nicht umzufallen. Dann öffnete ich die Tür und stellte mich der Situation.

Auf dem Flur war niemand mehr, aber meine Jacke hing an einem Garderobenhaken. Ich ärgerte mich, als hätte der Dackel mir einen Vorwurf gemacht, den ich nicht verdiente. Um mich zu rächen, rief ich «Rüdiger!», so laut, dass man es

29.10. (abends)   0177/7654321:

Oh, wunderbar. Klimperst du dann auch auf deiner Laute Liedchen vor meinem Fenster? ----------

in der ganzen Wohnung hören musste. Hoffentlich hörten es die Nachbarn auch.

«Hier!» Das kam aus einem der Zimmer, und zwar aus dem, dessen Tür offen stand. Trotzdem öffnete ich alle anderen Türen zuerst und schaute in dunkle, spärlich möblierte Räume, in eine winzige Küche mit einem Fenster unter der Decke wie in einer Gefängniszelle. Dann ging ich in das Schlafzimmer, in dem er auf dem Boden hockte, um sein CD-Regal begutachten zu können. «Musik sollten wir wenigstens haben dabei», sagte er, ohne aufzusehen. Er ließ sich Zeit, um sich für eine CD zu entscheiden, ich stand währenddessen vor dem Bett herum. Die Bettwäsche war weiß mit lauter schwarzen Strichmännchen, die durcheinander tanzten. Ich fasste zusammen: Der Mensch hinter mir hieß Rüdiger, sah aus wie ein Dackel, war weder attraktiv noch interessant, und für ihn war ich offensichtlich einfach etwas, das möglichst schnell erledigt werden musste.

Als er die Musik gestartet hatte, drehte ich mich entschlossen zu ihm um und sagte: «Na, dann wollen wir mal.»

Um neun Uhr am nächsten Morgen wollten Melanie und ich uns im Stadtpark treffen. Wir hatten gewettet, sie hatte auf «War's für dich auch so schön?» gesetzt, ich eher auf «Na, wie war ich?».

Nach einer angemessenen Zeit des Schweigens fragte Rüdiger, ob ich einen heißen Kakao trinken wolle. Wenn er mir wenigstens eine Zigarette angeboten hätte. Ich antwortete nicht.

Ich ließ ihn für uns beide heißen Kakao kochen, er brachte ihn mir in einer Tasse mit einem schlafenden Teddybären drauf. Ich trank einen ganz kleinen Schluck und verbrannte

0177/1234567:

Klar, aber nur instrumental! ----------

mir die Zunge. Rüdiger wartete noch mit dem Trinken und sah mich von der Seite an. Wir saßen nebeneinander im Bett, die Decke hatte ich mir unter den Achseln festgeklemmt.

«Wie alt bist du eigentlich, Natascha?», fragte er. Ich hatte ihm erzählt, ich hieße Natascha. «Achtzehn.» Er sagte nichts dazu, sondern pustete auf seinen Kakao. Auf seinen Schultern bildete sich eine Gänsehaut, und tatsächlich zitterte er ein wenig. Ich zupfte ein Stückchen Decke unter meinem Arm hervor und hielt es ihm hin. Da er aber weiterhin mit Kakaopusten beschäftigt war, stopfte ich es schließlich hinter seinem Nacken fest.

Wir schwiegen, tranken Kakao und schauten geradeaus. Um mir die Zeit zu vertreiben, verteilte ich Plus- und Minuspunkte für das Schlafzimmer. Ich hörte auf, als es vier zu drei stand. Ich überlegte, wie ich Rüdiger provozieren konnte, sodass er etwas völlig Unvorhersehbares tat. Aber ich brauchte gar nichts zu machen. Er fragte beiläufig, ob es mich störe, wenn er noch schnell die Nachrichten ansähe, und schon griff er die Fernbedienung vom Nachttisch und schaltete durch die Programme. Etwas in mir schrie, dass das eine ausgemachte Unverschämtheit sei, aber andererseits begann ich, mich irgendwie wohl zu fühlen. Die Tasse in meiner Hand war noch immer ganz warm.

Irgendwo ein Erdbeben, ein Regierungswechsel, eine Massenpanik. Ich hatte keine Ahnung von Politik. Nur hatte ich plötzlich, während wir so saßen, Rüdiger und ich, das unbändige Bedürfnis, seine Haare zu berühren. Sie sahen so dackelig und borstig aus. Schließlich strich ich ihm ohne Vorankündigung über den Kopf. Seine Haare waren nur in einer Richtung stachelig; wenn man von hinten nach vorn strich, waren sie

29.10. (abends) 0177/7654321:

Es ist spät. Schlaf schön, Sir Lancelot! ----------

ganz glatt. Ich steckte meine Hand schnell unter meinen Oberschenkel, als hätte ich sonst keine Kontrolle über ihre Bewegungen. Die andere Hand klemmte ich ebenfalls ein, um sie am Ohrläppchenfassen zu hindern. Und Rüdiger grinste, ohne den Blick vom Bildschirm zu nehmen. Ich kannte keinen Mann, der so wenig redete.

«Warst du schon mal in der Wüste?», fragte ich. Endlich drehte er seinen Kopf, die Nachrichten waren zu Ende. «Nee», sagte er, «du?»

Ich zog mich steifbeinig an. Rüdiger ging aufs Klo, und ich schaute schnell unter die Bettdecke. Es war nichts zu sehen, das ganze Laken sah nicht einmal zerwühlt aus, es musste so eines mit Gummizug unten sein.

Im Flur zog ich meine Jacke an, als Rüdiger aus der Milchglasfenstertür kam. Wir standen voreinander, ich in dicker Jacke und Stiefeln, er splitternackt und kaum einen halben Kopf größer als ich.

«Vielleicht kann ich ja mal wieder kommen», sagte ich, «auf einen Kakao.»

Diesmal grinste er mir direkt ins Gesicht: «Klar.»

0 1 7 7 / 1 2 3 4 5 6 7 :

Du auch. ------------

Susanne Becker

Deus ex Machina

«Möchtest du noch Kaffee?» Er blickt sie verschlafen aus verquollenen, übernächtigten Augen an. Sie reagiert nicht. «Liebling, ich rede mit dir! … Möchtest du noch Kaffee!? Dann eben nicht!» Er knallt sein Messer auf den Teller und steht auf. Was sie heute schon wieder haben mochte? Vielleicht war sie beleidigt, weil es gestern Abend etwas später geworden war und er ihr nicht vorher Bescheid gesagt hatte. Aber was konnte er denn dafür? Das Meeting mit den Japanern war gut gelaufen, und man hatte sich eben noch auf einen kleinen Umtrunk an der Hotelbar zusammengefunden. An so einem wichtigen Abend konnte man doch schon mal vergessen, seine Freundin anzurufen, oder?! Mit der Kaffeekanne in der einen und einer Tüte frischer Brötchen in der anderen Hand setzt er sich wieder an den Frühstückstisch. Ein kalter Blick trifft ihn. «Tut mir wirklich Leid, dass ich mich gestern Abend nicht mehr gemeldet habe. Aber ich hab's eben einfach vergessen!» Zerknirscht fixiert er seinen Teller. «Das kann doch mal passieren, oder?!» Vorsichtig hebt er seinen Kopf und setzt seinen charmantesten, liebevollsten Blick auf, in der Hoffnung, sie würde seinem spitzbübischen Charme wie schon unzählige Male zuvor erliegen. Keine Reaktion. Nicht einmal ein Wimpernschlag. Sie starrt ihn nur weiter durchdringend an. Nein, eigentlich sieht sie ihn gar nicht an, sondern durch

07.11.   0177/1234567:

Heute vor einem Monat hast du mir die erste SMS geschickt. --
----

ihn *hindurch.* Als säße er in diesem Moment gar nicht hier am Küchentisch ihr gegenüber, sondern als blicke sie aus dem Fenster, in Gedanken versunken. Er beißt nachdenklich in sein Brötchen. Was sollte er denn machen, damit sie ihm verzeiht? Sie anflehen, anbetteln, auf Knien um Verzeihung bitten? Brötchenkrümel springen von seinem Teller und landen auf der blauen Tischdecke direkt zwischen dem Marmeladenglas und der Morgenpost. Er greift sich den Stapel und wirft einen flüchtigen Blick auf die verschiedenen Umschläge. Werbung, die Telefonrechnung, noch einmal Werbung und ein blauer Umschlag mit der Handschrift seiner Mutter. Er reißt das Kuvert auf und überfliegt die hastig dahingekritzelten Zeilen. Das Übliche: Die Frage nach seinem Befinden, ein kurzer Bericht ihrer momentanen Probleme, versehen mit dem obligatorischen «PS» «Wann stellst du uns Charlotte vor?», «Grüß Charlotte!» oder «Bist du noch mit Charlotte zusammen?». Aber er wollte ihnen seine Freundin nicht vorstellen. Außerdem hätte sie sowieso nicht ihren Anforderungen entsprochen: keine reichen Eltern, kein Geld, keine Erbschaft = durchgefallen! Doch gerade deswegen liebte er sie noch mehr: Sie ist nicht so oberflächlich wie alle anderen, die er kennt. Nein. Sie ist anders als alle anderen! Man könnte fast sagen *besonders.* Sie interessiert sich nicht für sein Gehalt oder seine Kreditkarte. Von dieser Sorte gibt es genug. Bevor er Charlotte traf, hatte er genügend Zeit, sie kennen zu lernen. Sie gehen mit dir aus, die Marie-Christines dieser Welt, lächeln den ganzen Abend gekünstelt über alles, was sie nicht verstehen, verspeisen mit spitzem Mündchen ihren Salat ohne Dressing und haben spätestens am nächsten Morgen deinen Namen verges-

Grins. Und sie war nicht mal für dich ... ----------

sen. Falls sie ihn sich überhaupt gemerkt haben. Es gibt ja weitaus Wichtigeres!

Nein, auf so etwas konnte er getrost verzichten! Er suchte mehr. Viel mehr. Aber wann hatte er dafür schon mal Zeit? Höchstens in der Mittagspause. Doch da hatte er einfach Hunger und war nur auf der Suche nach etwas Essbarem, auch wenn ihm dabei die eine oder andere nette Kollegin über den Weg lief. Die hatten dasselbe im Kopf wie er: ESSEN und KARRIERE. Programmiert auf diese zwei Begriffe, wie Roboter, führten sie diese täglich aus. Leistung war schließlich alles, was zählte. Für Liebe bleibt da kein Platz. Sie lenkt nur vom Wesentlichen ab! Erschrocken fährt er zusammen. «Was hast du gesagt?» Wie lange mochten sie sich angeschwiegen haben? «Kleines, sorry, ich war gerade so in Gedanken …» Er gibt ihr einen liebevollen, innigen Kuss: «Ich habe an die Zeit gedacht, als wir uns noch nicht kannten … Süße, ich kann mir ein Leben ohne dich gar nicht mehr vorstellen. Du verstehst mich und meine Probleme wie keine andere, und du bist immer für mich da.» Zärtlich berührt er ihren Oberarm. Er fühlt sich kalt an. «Warte, ich schließe das Fenster, wenn du frierst!» Er erhebt sich von seinem Stuhl und durchquert die komfortabel eingerichtete Küche, ein modisches Sammelsurium aus weißem Holz und Chrom. Als er das Fenster erreicht hat, wirft er einen flüchtigen Blick auf die Straße unter ihm: Autoschlangen haben sich auf beiden Fahrstreifen gebildet, einige Fahrer hupen entnervt, als wagemutige Fußgänger versuchen, sich ihren Weg durch die Metallmasse zu bahnen. Mit festem Griff schließt er das Fenster und geht auf sie zu. Wie wunderschön sie aussieht mit ihren langen blonden Haaren und dem immer leicht rötlichen Mund. Selbst

0177/1234567:

Leider. ----------------

morgens beim Frühstück, wenn sie ihm noch ungeschminkt gegenübersitzt, haben ihre Lippen diese Farbe. Er lächelt sie an. Eine Sekunde, zwei, drei, vier, fünf, sechs Sekunden. Plötzlich fällt sein Blick auf seine Armbanduhr. Schon Viertel nach zehn! Er hatte doch schon um zehn in der Firma sein sollen! Vielleicht hatte Mutter doch Recht: «Die Liebe lenkt nur vom Wesentlichen ab!» Jetzt vergaß er wegen ein paar außer Rand und Band geratenen Hormonen schon seinen Job, der eigentlich das Wichtigste in seinem Leben war. Er hatte höchste Priorität gehabt. Immer. Nichts macht im Leben glücklicher als Karriere, da man durch sie die Möglichkeit hat, die zwei anderen Zutaten für ein glückliches Leben zu beschaffen: Macht und Geld. Das hatte er gelernt. Wer brauchte da denn noch Liebe?! Niemand! Und falls man doch einmal das Bedürfnis verspüren sollte, konnte man immer noch mit all dem Erreichten prahlen und sich eine der Marie-Christines für einen kleinen One-Night-Stand aufreißen. Geld für die Nobeldiskotheken hatte er ja. «Charly, ich muss los. Ich bin schon wieder viel zu spät dran. Wenn mir das noch öfter passiert, kann ich meine Beförderung vergessen!» Langsam beugt er sich zu ihrem Stuhl hinunter. Streicht über ihren Kopf und flüstert ihr leise ins Ohr: «Ich liebe dich, vergiss das bitte nicht!» Charlotte schaut ihn ein letztes Mal unversöhnlich an, ehe er den Plastikstöpsel an ihrer linken Seite löst, ein zischendes Geräusch den von der Straße aufsteigenden Autolärm übertönt und er sie vorsichtig zusammenfaltet und zurück in die hinterste Ecke des Kleiderschranks legt.

07.11.   0177/7654321:

Weißt du was? Wann immer ich eine SMS finde, hoffe ich, sie ist von dir. ----------

Katharina Hahlbohm

Ganz neutral betrachtet

Liebe ist
neutral betrachtet
ein großes Hindernis.
Dein Hirn sagt
ganz neutral betrachtend,
das Ganze wäre nur Beschiss.
Die Freunde sagen
ganz neutral
dasselbe nur zu dir.
Dein Herz jedoch
klopft nie neutral.
Das Hirn wird nicht beachtet.
So ist es,
wenn man alles mal
nur ganz neutral betrachtet.

0 1 7 7 / 1 2 3 4 5 6 7 :

Und ich hoffe immer, du findest und liest sie gleich! ----------

Alexander Kempf

Liebe lässt sich nicht so leicht auf irgendetwas
reduzieren (außer vielleicht auf Salbei)

07.11.   0177/7654321:

Du bist echt ganz nett. --------------------

Julia Nohr

Silberne Hochzeit

Mona hat schlecht geschlafen. Ihr Kopf schmerzt, und der Blick in den Spiegel heute Morgen hat wehgetan. Draußen regnet es. Der Himmel ist grau, und die Fenster müssten geputzt werden. Mona sitzt im Bademantel am Küchentisch und starrt auf die Käserinden, die vom Frühstück ihres Mannes übrig geblieben sind.

Neben dem Teller saugt die Serviette die restliche Flüssigkeit aus dem dreifach geschnürten Teebeutel. Seit einiger Zeit trinkt er keinen Kaffee mehr, weil er unter Bluthochdruck leidet. Außerdem verzichtet er seit seinem letzten Gichtanfall auf Bier, Bratwurst und Gummibärchen. Die schlechte Laune lässt er dann an ihr aus. Er kränkelt und schweigt.

Die Halbfett-Margarine an seinem Messer schwitzt kleine helle Tröpfchen. Mona blättert gelangweilt in der örtlichen Zeitung, die er ihr jeden Morgen neben den Teller legt, als sorge er sich um ihre Bildung, jetzt, wo die Kinder aus dem Haus sind.

Andere Frauen würden Halbtagsstellen annehmen.

Was sie denn den ganzen Tag zu Hause mache?

Mona trinkt den letzten Schluck kalt gewordenen Kaffee, prüft, ob die Haare schon trocken genug sind, um den Schaumfestiger einzukneten, und beginnt, den Tisch abzudecken, ohne selbst etwas gegessen zu haben. Nach der Morgenzigarette, frierend, auf dem Balkon, ist ihr schlecht, aber

0 1 7 7 / 1 2 3 4 5 6 7 :

Du auch, meine virtuelle Freundin! ;-) ----------

sie kann endlich aufs Klo. Der Postbote würgt einen Stapel Briefe durch den Briefschlitz. Sicher wieder nur Vereinspost für ihn. Es ist kurz vor neun.

Mona wählt die Nummer ihres jüngsten Sohnes und erkundigt sich nach seinem Befinden. Sie spricht leise und macht lange Pausen, bevor sie antwortet, aber er wünscht ihr nur einen schönen Tag und lässt den Vater grüßen.

Mona nimmt die Briefe und legt sie ihrem Mann auf den Schreibtisch. Sie bückt sich und fischt nach den auf links gedrehten Socken. Übelkeit steigt in ihr auf. In den Taschen seines neuen Anzuges, den sie ihm letzte Woche freudestrahlend als absolutes Schnäppchen präsentiert hat, findet sie noch feuchte Taschentücher und einen Kalender.

Zwischen den voll geschriebenen Seiten liegt ein Zettel. Ein heißer Blitz durchfährt sie. «Ich habe dein Lieblingsessen gekocht: guten Appetit. Ich würde mich freuen, wenn du morgen mit zu dem Konzert kämst.» Das ist ihre Schrift. An dem Abend zeigten sie Autorennen im Fernsehen.

Mona legt den Timer auf den Schreibtisch und bringt die Wäsche in den Keller. An den Wänden stapeln sich alte Schuhe, unzählige Sporttaschen, Wanderrucksäcke, Reisetaschen mit Rollen und diese fürchterlich hässlichen Nylonbeutel, die man sich so praktisch um die Hüfte bindet. Der Schrank platzt vor abgelaufenen Sonnenmilchflaschen, Teppichshampoos und Badezusätzen, die, die wegen abgelaufenen Haltbarkeitsdatums heruntergesetzt waren. Mona schließt sich in ihrem Zimmer ein und setzt sich mit im Schoß gefalteten Händen aufs Bett. 12 Quadratmeter Privatsphäre.

An den Wänden hängen Zeichnungen der Kinder, Ansichtskarten aus Paris und Prag und zwei Drucke von damaligen Kommilitonen. Mona lässt die Rollläden herunter und kramt die halb volle Packung Ducados hervor. Die, die sie für besondere Anlässe aufbewahrt. Mona hustet, als sie den Rauch inhaliert.

Sie schließt die tränenden Augen und fühlt eine unbestimmte Trauer in sich hochsteigen. Hastig nimmt sie den kleinen Diabetrachter. Es ist ein bisschen kühl, und sie bekommt eine Gänsehaut, als sie den Bademantel ablegt und in das Kleid schlüpft, das er ihr im letzten gemeinsamen Urlaub mit Preisschild auf das Bett gelegt hat.

Mona streicht abwesend über ihre runden Brüste, auf die man durchaus stolz sein kann, nach drei Schwangerschaften. Sie hört sein Lachen, das ironische, verletzende, das er immer lacht, wenn andere ihr Komplimente machen. Er kann charmant sein, wenn es sich nicht um seine Frau handelt. Manchmal, wenn sie seinen Arm nimmt, um Schutz zu suchen, spürt sie, wie sein Körper sich versteift. Trotzdem genießt sie diese Alibimomente. Wie gut, dass ihm sein Ansehen so wichtig ist.

Mona nimmt die verzierte Holztruhe, die er ihr von seiner letzten Dienstreise mitgebracht hat. Ob es in der Türkei auch Preisparadiese gäbe, hatte sie ihn gefragt. Er verschwand wortlos in seinem Zimmer und tankte eine Woche ihren Wagen nicht auf. Im Gegenzug legte sie ihm die schmutzige Wäsche vor die Tür.

Mona öffnet die Truhe und nimmt einen Stapel Briefe heraus. Darunter liegen lose Dias und einige Fotos. Bevor sie das erste Dia in den Betrachter schiebt, drückt sie die Zigarette aus und löscht das Licht.

Sehnsüchtig betrachtet sie das lachende Gesicht. Ihr Blick

11.11.   0177/7654321:

Wann hast du eigentlich Geburtstag? ---------

gleitet die jungenhaft schmalen Schultern hinab, registriert das offene Hemd, die muskulösen Arme und seine großen, schützenden Hände, die er über den Brüsten dieser verliebt lächelnden Frau gekreuzt hat.

Wie sehr sehnt sie sich nach seiner Wärme. Silvester zu Hause. Champagner, obwohl sie beide nicht viel verdienten. Worüber lachen sie da auf dem Foto?

Auf welchem Teil der Strecke hatte sie ihre Kraft verloren? Wann hatte er es bemerkt und sich von jeder Verantwortung freigesprochen?

Mona denkt an den Sommer in der Provence. Sie denkt an den Franzosen, an dessen Seite sie sich wieder jung fühlte und begehrt. Wenn sie den Vater ihrer Kinder mit dem Franzosen vergleicht, dann weiß sie nicht, warum sie geblieben ist. Der Franzose wollte sie heiraten. Er wollte mit ihr in Paris wohnen. Der Franzose hatte sich seiner Tränen nicht geschämt. Er liebte gutes Essen und interessierte sich für Kunst und Kultur. Trotzdem ist Mona bei dem Vater ihrer Kinder geblieben. Der Vater ihrer Kinder weiß es nicht zu schätzen.

Mona zieht den Stecker und streift das Kleid über den Kopf. Für einen Moment betrachtet sie die Spiegelung ihres Körpers in der Fensterscheibe. Dann zieht sie die Rollläden hoch und den Bademantel an.

Der Gürtel schnürt ihr den Bauch ein, aber der Schmerz holt sie zurück. Nachdem alles wieder an seinem Platz ist und das Fenster gekippt, beginnt sie die Bilderrahmen im Wohnzimmer abzustauben. Gegen Mittag ruft sie ihn an und fragt, was er zum Abendessen möchte. Er hat noch einen Termin und kommt spät. Die Fenster putzt Mona dann morgen.

1 1 . 1 1 .   0 1 7 7 / 1 2 3 4 5 6 7 :

Am 15.10.79. Willst du mir was schenken? Zu spät! ---------

Cellina von Mannstein

Mein erster Weihnachtsbaum

Meinen ersten eigenen Weihnachtsbaum hatte ich letzte Weihnacht 1998. Meine erste große Liebe auch.

Da beide ungefähr zur gleichen Zeit bei mir hereinschneiten, verbrachten er (der Mann) und ich das Fest gemeinsam unter ihm (dem Baum).

Dem Lauf alles Irdischen folgend wanderte der Weihnachtsbaum nach den Festtagen – von meinem Freund sorgfältig in Klebeband eingewickelt – auf die Terrasse, wo er einige Zeit verweilte.

Ihn von dort aus in den Hinterhof zu werfen, kam mir nämlich irgendwie schwedisch vor. Und da der Baum mittlerweile an kreisrundem Nadelausfall litt, kam der Transport durchs Treppenhaus auch nicht mehr wirklich in Frage.

Im Sommer 1999 war er also, zur regelmäßigen Belustigung sämtlicher Besucher, immer noch da.

Im Spätherbst reifte der Plan, zu meinem Freund zu ziehen. Dies bedeutete den Abschied von meinem Weihnachtsbaum, den ich in den allgemeinen Umzugsvorbereitungen schweren Herzens zu den Hausmülltonnen stellte. (War übrigens ganz leicht, so ganz ohne Nadeln und völlig mumifiziert.)

Kaum war der Baum ... schluchz ... entsorgt, klingelte der sonst so liebe Hausmeister an meiner Tür und sprach: «Dieser Baum kann da nicht stehen bleiben.» Ein Fall für den Sondermüll oder die Benutzung einer Säge also. Drei

0 1 7 7 / 7 6 5 4 3 2 1 :

Oh, du bist ein Erdschaf! --------------

Tage ignorierte ich meinen wohngemeinschaftlichen Faux-pas.

Am vierten Tag war der Baum weg. Als ich durch die Einfahrt zur Straße fuhr, sah ich ihn auf dem Gehweg stehen. Mein Hausmeister hatte ihn also zur Abholung des Sondermülls rausgestellt. Das bedeutete wohl den Schlussstrich, bestimmt würde er heute abgeholt.

Als ich abends nach Hause kam, war der Sondermüll weg und der Baum noch da. Entweder war er zu wenig besonders oder nicht eindeutig als Müll zu identifizieren, was ich eher glaube.

Der Tag des Zusammenzugs war gekommen. Zufällig parkte nun der Möbel-Van neben meinem Baum. Dem Umzugs-Menschen erzählte ich: «Schau mal, das ist mein erster Weihnachtsbaum!» – «Ach?», sagte er und fragte, ob wir ihn mitnehmen sollten. «Ja», hörte ich mich antworten.

Hier steht er nun und sieht super aus. Denn zur Feier unseres zweiten Weihnachtsfestes habe ich ihm eine Ia Lichterkette spendiert.

Mein Weihnachts-Mann vom letzten Jahr ist übrigens nicht mehr da. Aber falls er zufällig diese Geschichte liest, kommt er eh wieder. Und das ist dann Liebe.

11.11.   0177/1234567:

Wie bitte? ---------------

Anna Kaleri

Der große Tag

Es gibt diesen Mann. Er liebt es, inmitten von Menschenmillionen gefangen zu sein. Das wusste ich von Anfang an. Ich segle lieber an den windgrünen Seiten der Tannen vorbei. Ich würde es gern mit ihm dort aushalten, im Wald, in dem blauen Häuschen, mit den blauen Fensterläden zumindest, mit einem Ofen, den man von der Küche aus heizt, damit man in der Stube dösen und lesen und Äpfel braten kann. Der Teufel muss im Spiel gewesen sein, dass ich nach nächtelangem Hin und Her meine Wanderschuhe wegstellte und die Schuhe mit den hohen Absätzen anzog.

Die ersten Tage waren erstaunlich romantisch. Wir tänzelten durch Gassen und Parks, über Avenuen und Boulevards und fühlten uns, wie sich Verliebte in Paris fühlen sollen, schutzlos zurückgeworfen auf sich selbst, jeder Ort erschlagend schön und mit Geschichte zugestellt, nie sollte man die Augen schließen, immer da sein, klein sein und sehen. Den großen Tag begannen wir frühmorgens mit Wodka. Mittags tafelten wir mit Kerzen und weißem Bordeaux, und als es dunkelte, klemmte sich dieser Mann eine extragroße Champagnerflasche unter den Arm. Wir hatten uns diesen Tag noch kein einziges Mal geküsst, denn man gab sich diskret und gedämpft im Restaurant, und die Ampeln waren immer rot oder grün oder kurz dazwischen, die Schiffe fuhren, die Menschen strömten, Polizisten dirigierten uns mit kurzen

11.11.   0177/7654321:

Na, dein chinesisches Sternzeichen! ----------

Pfiffen über enge Fußgängerwege, und es rückten die Zeiger immer näher auf unseren großen Moment. Ohne darüber gesprochen zu haben, waren wir uns einig, wohin wir wollten. Nur nicht, wie wir dahin kämen, und wir waren schon ziemlich betrunken.

Im Eingang der Metro schallte uns eine Stimme entgegen, sie bedankte sich für unsere Geduld. Dann wurden wir gebeten, wegen erhöhten Verkehrsaufkommens die nächste Bahn zu nehmen. Wir steckten auf der Treppe zwischen einklappbaren Kinderwagen, Regenschirmen, Wegwerfkameras und Papiertaschen, und wie geduldig die Leute auch schoben – die nächsten Bahnen waren immer schon so voll, dass wir kaum einen Schritt vorwärts kamen. Dieser Mann griff nach meiner Hand und sagte: Lass uns gehen. Wo willst du denn hin? Wir gehen zu Fuß. Lass uns doch warten. Dann schaffen wir's nicht. Zu Fuß schaffen wir's auch nicht. Der Mann sah mich entgeistert an, als hörte er das Wort ‹hetzen› zum ersten Mal. Ich wollte geduldig sein und ihm erklären, was ich meinte, aber ich wusste gar nichts; meine Zunge war am Gaumen festgebunden.

Ich dachte, ich könne nur denken, wenn ich still stände, und ab und zu ließ ich mich zurückfallen wie ein Stein, und er rief, nun komm doch, und ich konnte gar nichts, weder kommen noch denken, aber schließlich waren wir doch wieder oben, und die Uhr am Hôtel de Ville zeigte deutlich, dass es bald zu spät sein würde.

Wenn dieser Mann betrunken ist, kann er noch schneller gehen und schneller reden als sonst. Ich starrte auf den Zeiger, der schon mindestens drei Sekunden auf seiner höchsten Position verharrte, das Herz setzte mir aus, dann kam dieser

0177/1234567:

Das hört sich eher nach Beleidigung an als nach Sternzeichen … ----------

Mann zurück, und ich hörte ihn auf mich einreden. Ich dachte langsam und angestrengt und so laut wie möglich; ich dachte, dass der Ort doch egal sei, diese Scheißbrücke, wann wir dort ankämen und ob überhaupt. Aber dieser Mann hörte nichts und ging los, ohne noch einmal zurückzusehen.

Der Sekundenzeiger rannte, er hatte viel aufzuholen, er kam bei der Zwölf an, hielt wieder inne. Ich muss doch alles genießen, dachte ich und ließ meinen Blick über die Türme und Erker streifen. Sie hingen an der Fassade, und nichts passierte. Irgendwann erreichte mich von fern die Idee, dass ich diesem Mann, diesem … folgen sollte, er wartet sicher an der nächsten Ecke, und ich setzte mich in Bewegung, ging, so schnell es eben ging; ich war eingespannt zwischen meinem Bedürfnis, mich in einen Stein zu verwandeln, um mich nie mehr von der Stelle bewegen zu müssen, und dem rasenden Wunsch, diesem Mann Ruhe einzuflößen, die Ruhe, endlich mich zu sehen und in mir und durch mich den Rest der Welt. Es war egal, ob ich schnell oder langsam ging, ich konnte mir ziemlich sicher sein, dass er nirgends auf mich wartete. Er war so besessen von Geschwindigkeit, dass er mich und wohin er eigentlich ging, schon längst vergessen hatte.

Eine Kirche lag am Weg, und ich hatte nichts mehr zu verlieren. Ich schlich mich zu einer der Bänke. Der Prediger stand weit vorn, von den Worten erreichte mich nur ein Hauch. Es war gerade so viel, wie ich gebraucht hätte, um mich zu besinnen, wenn ich nicht zu betrunken gewesen wäre. Die Leute murmelten und standen auf ein verabredetes Zeichen hin auf, gaben sich die Hände und küssten sich. Zögerlich setzte sich diese Prozedur bis in die hinteren Reihen fort. Hinten saßen die Atheisten. Als neben mir auch noch welche aufstanden,

11.11.   0177/7654321:

Komm schon. Erdschafe sind tolle, kreative Persönlichkeiten! --
----

flüchtete ich ins Freie. Selbst die Katholiken konnten einem keinen ordentlichen Gottesdienst mehr bieten.

Die Glocken läuteten, der ungeheure Moment war ohne mich geschehen, und die Seine floss, sie hatte mit dem Wasser zu tun. Ich ging den Leuten entgegen, sie würden mich ansprechen und mir sagen, dass sie ihn gesehen haben, dass er gepeinigt herumlief und mich suchte. Jeder, der mich sah, musste sofort sehen, dass er und ich zusammengehörten. Aber sie wichen mir aus und schauten gelegentlich zu den überschwemmten Quais hinunter. Der Oberbürgermeister hatte alle Liebespaare dieser Stadt zusammengetrieben, welche vom Land angekarrt und von Übersee eingeflogen, sie überfluteten die Brücke, und alles triefte vor Speichel, sie bogen sich und keuchten vor lauter Kussgewinn. Ab und zu warf man mir aus dem Augenwinkel ein mitleidiges Lächeln zu. Ich begann die Arme der Frauen abzusuchen, nach ihm, das war schließlich möglich, auch die Arme der Männer und Transvestiten. Sie wären sicher nicht so vergnügt, wenn sich kurz zuvor mein schöner Geliebter von der Brücke gestürzt hätte. Ich spielte die Möglichkeiten durch, es gab zu viele. Selbst ich konnte mir nicht voraussagen, was ich als Nächstes tun würde. Schon in der Kirche hatte es angefangen. Ein junger Mann mit weich fallenden Locken saß zwischen Schwester und Schwager und fühlte meinen Blick auf seinem Haar. Die Musik auf den Straßen würde beginnen, die Tänze, die Partys, er würde die beiden abhängen, und ich hätte endlich jemanden zum Küssen, ihn oder jemand ganz anders oder diesen Mann.

Bei weit geöffneten Fenstern schwebte Musik wie ein Teppich über den Straßen, Leute beugten sich lachend über die

0 1 7 7 / 1 2 3 4 5 6 7 :

Aha … Ich nehme an, du bist auch eins? ----------

Brüstung, winkten niemanden herauf, die Haustüren standen keinen Spaltbreit offen, und wo ich Klingeln suchte, fand ich Tasten für den Geheimcode.

Ich sah vertrant aus, so würde mich niemand mitnehmen. Ich rieb mein linkes Auge und verlor es mitten auf der Straße. Ich spürte es noch in seiner Höhle sitzen, aber wenn ich das andere Auge schloss, blieb absolut nichts übrig. Ich rutschte auf Knien über den Beton, wurde ab und zu von Autos überfahren, aber das machte nichts. Ich fragte mich, das war das Einzige, ob ich mich damit abfinden könnte, mit einem Auge nur noch die Hälfte des Abends zu sehen.

Ein Bus fischte mich auf. Überhaupt liebe ich es, den Bus zu nehmen. Innen ist es molig warm, man kann unbehelligt Gesprächen lauschen, aus dem Fenster sehen, und die Avenue Daumesnil ist sehr lang.

Die Frau war durchsichtig. Von Anfang an war nur wichtig, dass der Mann Mandelschlitze hatte wie ich, zwar waren seine Augen braun, aber in den dunklen Haaren schimmerten zwei graue Streifchen, das war gefährlich. Wir mussten uns Mühe geben, damit sich unsere Blicke in der Scheibe nicht kreuzten. Draußen lange atmige Bögen in einer Mauer mit noblen Geschäften darin, und wenn ich meine Hand ans Kinn legte, folgte seine Hand an sein Kinn. Legte ich meine Hand auf mein Knie, konnte er nichts dagegen tun, seine Hand auf sein Knie zu legen. Unsere Beine berührten sich legitim. Ich wischte mir über die Wange, er musste sich über seine wischen, jetzt war ich mir sicher, das war ein Spiel, das jemand mit uns trieb, vielleicht der Bürgermeister, und der Bus hielt und fuhr. An jeder Haltestelle verfiel ich in geschäftiges Atmen. Zwischen mir und der Tür standen die Menschen

---

Klar, merkt man das nicht gleich? ----------------

dicht gedrängt. Ein Ziel hatte ich auch nicht. An irgendeiner Haltestelle rempelte ich durch die Menge. So hatte ich das Spiel schlagartig abgelegt, in der stickigen Wärme an der Seite seiner Frau gelassen.

Ich erkannte ein Kleid, vor dem ich schon öfter gestanden hatte, dann das Geschäft, die Straße und die Ecke, von der es nur ein paar Schritte zu mir waren. Meine Schuhe klapperten. Der Nachhall klang ein wenig dumpf. Ich werde immer müde, wenn ich so viel trinke. Ungefähr drei Häuser vor meinem Haus fühlte ich seinen Atem in meinem Nacken. Sogar sein Mund war mandelförmig. Warm und trocken lag er auf meiner Haut und wartete. Ich griff über meinen Kopf hinweg in sein Haar, es war nicht mehr ganz dicht, mir war nach Heulen zumute, aber ich drehte mich um. Wie eine Erleuchtung kam mir der Geheimcode in den Sinn, wir ließen das Licht aus und konnten nicht sehen, wie unsere Körper grünblass wurden und rot anschwollen, meine Fingerspitzen streiften über seine Haut. Er fasste mir hellgrün um die Hüfte, dass ich fast anfing, ihn warm zu küssen, obwohl wir das gar nicht gemeint hatten. Wir verhandelten auch darüber hochzugehen, aber das war bedenklich – wäre er schon da, dieser Mann, oder käme er erst, vielleicht käme er mit oder von einer Frau, wahrscheinlich würde er zum Himmel stinken, hätte was gekifft oder kam gar nicht, nie wieder, oder ich wäre nicht mehr da, alles war möglich, aber in den meisten Fällen wäre es für den mandelschlitzigen Franzosen nicht gut ausgegangen.

Es gibt diesen Mann. Ich lag in meinem Bett, als er leise klingelte. Er klingelte um Verzeihung. Er wollte auch gar nicht reinkommen, bevor er seinen Auftritt hatte. Komm rein, nun komm schon, es ist kalt. Maria, wisperte er, was habe ich ge-

0177/1234567:

:-) Sollen wir uns mal richtige Briefe schreiben? Meine Handy-rechnung wächst ... ----------

tan, was habe ich nur getan, Maria. Er presste ein paar Tränen heraus, wiederholte meinen Namen, schon beim ersten Mal konnte ich das nicht ertragen. Ich zog ihn in die Wohnung und knotete seine Schuhe auf. Er bat um Vergebung, er hätte mich die ganze Nacht gesucht, sei allein und verzweifelt gewesen. Ich zog ihn aus. Lieber war mir, wenn er nie sagte, dass er mich liebte, schon gar nicht mit beißendem Mundgeruch und großen schwarzen Pupillen, und Maria hieß ich auch nicht. Wenn nämlich sein wahres Ich zutage kommt, erkenne ich, dass er durch und durch Schauspieler ist. Ich legte ihn ins Bett und hielt ihm den Mund zu, bis er zu schnarchen anfing. Ich setzte mich auf den Bettrand und untersuchte im schäbigen Licht der Straßenlaterne seine Unterhose. Nichts hatte ich ihm angelassen, schon gar nicht diese Unterhose. Die Seide hing in Fetzen, das eine Bein war fast abgerissen. Maria, murmelte er im Schlaf. Mir brannten die Augen, und ich legte mich neben ihn.

11.11.   0177/7654321:

Gerne, warte, ich ruf an, dann kannst du mir die Adresse geben … ----------

Jeanette Kunsmann

Saskia Lang

Elisa Sahner

Friederike Barklage

Die

Ulrike Böhm

Sophie Lenz

Silvia Egger

Enten

Claudia Gehrmann

Maria Dorner

Dana Bönisch **fahren**

Kathrin Ahlt

Julia Bahn

Rabea Edel **weg**

Stefanie Schultze

Susanne Wagner

Jeanette Kunsmann

Ein Liebesschauspiel

Er springt Trampolin,
springt und springt und springt,
höher, höher und höher,
denn sie wohnt hoch
und kann sein Klingeln nicht hören,
sie kann gar nichts hören,
aber sie kann ihn sehen,
immer nur seinen Kopf,
immer nur kurz,
doch ist sie so verzaubert von diesem
Schauspiel,
dass sie die Nase kraus zieht.
Er sagt nie, dass er sie liebt,
er zeigt es ihr immer.

Saskia Lang

Schwarzwälder Kirsch

Ich sollte die Straßenseite wechseln. Eigentlich. Wenn das nicht so albern wäre. Bloß wegen dieser Konditorei: Café und Konditorei Bauer. Seit 1892. Total albern. Vor meiner Nase fährt ein Laster mit einer riesengroßen Reklame auf der Plane vorbei. *Yes – kleine Torte statt vieler Worte.* Sehr komisch! Also bleibe ich und gehe weiter.

Ich komme an das Schaufenster der Konditorei. Keine versteinerten Marzipantorten, sondern alles frisch. Denn jeden Morgen stellt der Konditor eine frische Schwarzwälder Kirsch rein. Das habe ich mit eigenen Augen gesehen. Nicht nur die Torte. Auch den Konditor. Und ich sehe ihn vor mir, wie er jeden Tag in der Backstube sitzt, eine Schüssel auf dem Schoß, und Sahne schlägt für die Schwarzwälder Kirsch. Ich habe mich schon dabei erwischt, dass ich meine Hand flach auf die Schaufensterscheibe gelegt und hineingestarrt habe.

Wenn die Sahne steif zu werden scheint, taucht er seinen Zeigefinger hinein und leckt ihn ab. Unten der dunkle Biskuitboden, ein Schuss Kirschwasser darauf, dann die Sauerkirschen darüber verteilen. Dann Sahne, noch mehr Sahne und den zweiten Boden. Ich liebe diesen Geschmack. Zum Reinsetzen. Und Ansetzen, ich weiß. Rundherum Sahne verstreichen. Und obendrauf. Jede Menge. Dazu Schokostreusel. Dann alles verzieren. Mit reichlich Sahne. Und zuletzt verteilt er vorsichtig die Dekokirschen. Sie ist perfekt.

---

0 1 7 7 / 1 2 3 4 5 6 7 :

›☎‹ ------------------

FOTO VON *Elisa Sahner*

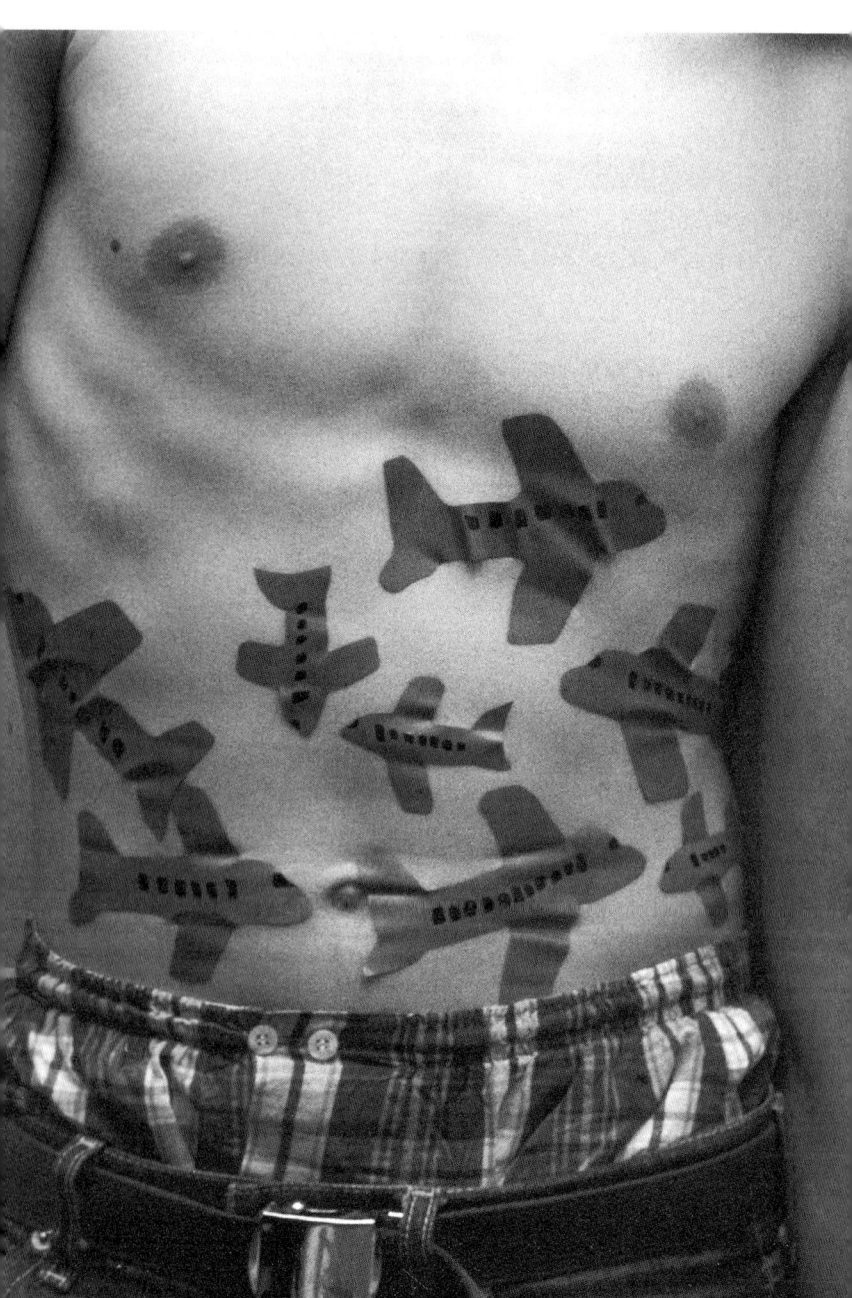

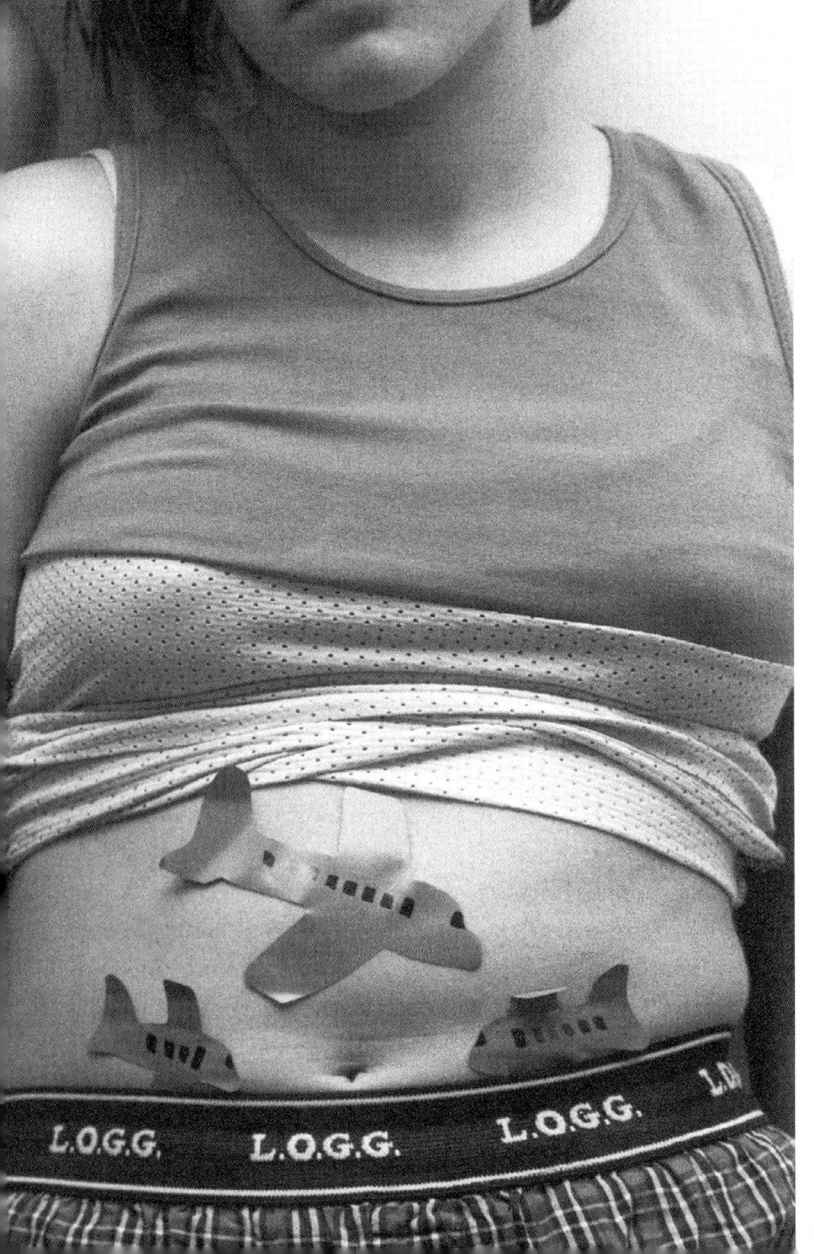

Friederike Barklage

Blaurote Liebe

Wenn ich meine Augen schließe, sehe ich Keanu Reeves und mich in seinem neuen Porsche durch die Toskana flitzen, hinter mir mein eifersüchtiger italienischer Lover, der nie eine Chance gegen Mr Reeves hätte.

Wenn ich meine Augen dann wieder öffne, muss ich heulen. Nix mit Keanu Reeves und nix mit italienischem Lover. Mein Leben ist eine Müllkippe und alles nur wegen dieser Schuhe: Ich hätte mir nie blaurote Schuhe kaufen dürfen.

Du kannst doch nicht diese blauroten Dinger kaufen! Das ist doch keine Zusammenstellung!

Ich find's gut! Solche hat nicht jeder!

Nee, kein Arsch würde so was anziehen, hättest du nicht blaue ODER rote nehmen können?

Nö!

Und ich ging raus aus dem Laden, mit blauroten Schuhen und einem umwerfenden (wie ich fand) Thomas-Gottschalk-Lächeln!

Hauptsache auffallen, dachte ich mir auch drei Wochen später im italienischen Feriencamp und zog die Schuhe an, die sonst kein Arsch hat. Die Sonne war stechend, und ich holte ganz ladylike meine imitierte Calvin-Klein-Sonnenbrille hervor. Dann sagte ich zu der nebenstehenden Rucksack-reisen-sind-schön-Tante:

Coole Location!

Sie warf mir einen seltsamen Blick zu und drehte sich weg. Tja, schon im Kindergarten habe ich immer schnell Freunde gefunden. Dieses Talent machte sich bezahlt. Vom Erfolg beflügelt sah ich mich nach einem männlichen, mir in Coolness nichts nachstehenden Wesen um, das mir die erste Nacht im Camp versüßen sollte. Ganz wichtig bei so einem Beutezug sind immer die Schuhe. Keine Aldidas-Latschen, die der Markenproll von gestern trägt, und auch keine Birkenstocks. Sneakers sind die besten, und obwohl jeder Zweite inzwischen welche trägt, sagen sie ziemlich viel über das Lebensgefühl einer Person aus. Die fetten 300-Mark-Supertreter tragen meistens die, die einen Meter höher nichts zwischen den Beinen haben. Auch Komplextreter genannt.

Als ich mich also nach schönen Schuhen mit einem schönen Typ drin umguckte, sah ich sie: ein Paar blaurote Schuhe, Marke: Die trägt doch kein Arsch. Sie zierten in circa Größe 46 die Füße eines Naturwunders, das durchaus Qualitäten hatte, um mir die Nacht über als Natreen zu dienen. Schwarze (wirklich schwarze) Haare, bis zu den Hüften (Huiuiuiui), und ein italienisches Zahnpastalächeln. Abgerundet wurde die Erscheinung durch eine garantiert nicht imitierte Calvin-Klein-Sonnenbrille. Neben ihm ein durchaus annehmbarer Abklatsch mit halb so langem Haar. Brauchbar für den morgigen Tag. Locker, wie es meine Art war und ist, ging ich auf ihn zu. Aber bevor ich ihn ansprechen konnte, bombardierte er mich förmlich mit Worten. Er sagte:

Hello! Nice shoes!

Ich konterte (mir meiner Coolness bewusst):

You, too!

Das Naturwunder schob seine Brille ins Haar und enthüllte damit seine mich bereits gedanklich ausziehenden Augen, die die Farbe frischer Nougatpralinen hatten.

Aber bevor ich im Nougat versank, riss mich der Antonio-Banderas-Verschnitt aus meinen schmutzigen Gedanken.

Hey, where are you from?

I'm from Germany. And you live in Italy, don't you?

Yes. Du kommen von Deutschland? Isch sprechen ein bisschen!

Dieser wahrhaft amüsante Zufall (oder war es Schicksal?) erleichterte mir mein Vorhaben ja ungemein, denn in Englisch hätte ich ihm nicht erklären können, WAS ich alles von ihm wollte!

Komm with us! Wir gehen zum Zelt von uns!

Eh, wie heißt du eigentlich?

Frederica!

Ah, bella! Frederica! Wunderbar!

Und du?

Diego!

Weil er mir so Leid tat (er hatte schließlich bis jetzt nicht die Ehre gehabt, mit mir zu sprechen), wandte ich mich auch an Diegos Freund:

Wie heißt du?

Doch bevor er antworten konnte, sagte Diego:

Er kann kein Deutsch! Nur ein bisschen Englisch!

O. K.! What's your name?

Christian!

Er lächelte stolz über seine äußerst geistreiche Antwort.

Anscheinend war Diego die große Redelust seines Freundes bekannt, und so fragte er mich überbrückend:

20.12.   0177/1234567:

Oh je, ich habe gerade Brief Nr. 3 an dich abgeschickt ...
Leider aber die Briefmarke vergessen. ----------

Wo schlafst du?

Intelligent, wie ich nun einmal war, hatte ich diese Entscheidung meiner Freundin Sabine überlassen, mit der ich ein Zelt teilen wollte. Ich hatte mich dann auf die Socken gemacht, um die Lage zu checken. Egoistisch, ich weiß, aber so bin ich nun einmal manchmal.

Aber so langsam wurde es Zeit, das Mädel zu suchen, und so verabredete ich mich mit Diego und seinem äußerst redegewandten Freund auf eine «gemütliche» (jetzt wusste ich auch, WAS ER alles von MIR wollte) Runde in ihrem Zelt. Ich ließ mir noch schnell den Weg beschreiben und machte mich dann auf die Suche nach Sabine, denn so langsam hatte ich wirklich ein schlechtes Gewissen ihr gegenüber.

Nach ungefähr einer halben Stunde fand ich Sabine bekifft in einem Zelt liegen, das wohl unseres war.

He, spinnst du? Du hast mir versprochen, im Camp sauber zu bleiben! Hab keinen Bock, jeden Tag in 'n Gesicht zu gucken, das aussieht wie … ach, was weiß ich!

Bevor ich meine Moralpredigt jedoch bis zum Zeltarrest ausführen konnte, begann Sabine so zu keifen, dass ich mich ärgerte, kein Oropax mitgenommen zu haben.

Du alte Kuh lässt mich hier alleine vergammeln, ungefähr eine Stunde lang, und dann biste sauer, weil ich aus Langeweile die Sonne hab aufgehen lassen!

Plötzlich kehrte Ruhe in ihr explodierendes Gemüt ein, und sie sagte mit einem Lächeln der Glückseligkeit auf den Lippen:

Ach, es sei dir verziehen! Ich will mir den Tag nicht verderben! Schau mal, ein Schmetterling. Ich glaube, es ist ein Zitronenfalter!

0177/7654321:

Macht nix, ist mir auch schon passiert. ----------

Der Zitronenfalter war eine widerliche Motte.

Ach, kiff doch, soviel du willst! Ich hau jetzt ab, hab nämlich keine 400 DM bezahlt, um den ganzen Tag im Zelt zu liegen!

Mit diesen Worten schlug ich energisch die Zeltplane auf und dann wieder zu. Ich war wütend,

1. weil Sabines Gesundheit bald dem Inhalt der «Braunen Tonne» glich und

2. weil sie dank ihres täglichen Haschkonsums an zwei Drittel des Tages nicht ansprechbar war.

Ich trieb mich die Zeit bis zur Verabredung auf dem Campingplatz herum und lernte eine nette Französin kennen, die mir das Rezept für Crêpes nach Familienart gab.

Eine schöne Idee für das Hochzeitsessen von Diego und mir. Ach ja, unsere gemeinsame Zukunft … In Weiß würde ich auf keinen Fall heiraten, das ist doch Spießertum. Eher ein knallendes Rot, rot ist die Farbe der Liebe(nden). Diego würde nackt gehen, denn ich war mir sicher, dass er mir so am besten gefallen würde. O Gott, ich beichte am besten jetzt schon meine sicherlich folgenden Sünden!

Als es dann endlich Zeit wurde, ging ich zu unserem Zelt (aus dem Sabine seltsamerweise verschwunden war) und suchte den kürzesten Rock heraus, den ich hatte. Er war knielang (haha). Dazu natürlich meine tollen Schuhe.

Noch kurz den Fettlippenstift aufgetragen und ab ins Glück. Cool und verdammt sexy ging ich mit Laufsteggewackel zu meinem Schicksalszelt.

Dort saß der Mann meiner bisher nicht da gewesenen schlaflosen Nächte und rauchte.

Er rauchte! Hoffentlich hatte er Odol dabei!

2 0 . 1 2 .   0 1 7 7 / 1 2 3 4 5 6 7 :

Aber blöd ist es schon. Hoffentlich entschädigt der Inhalt etwas! ----------------

Allo!

Hi!

Setz disch! Hier auf Kissen.

Er klopfte auf ein kissenartiges Gebilde, das seine besten Tage schon hinter sich hatte. Mit einem gewissen Ekel setzte ich mich.

Wie gefallen dir der Camp?

Gut! Hier sind viele nette Leute!

Neben mir grunzte es plötzlich. Ich hatte gar nicht gemerkt, dass der schlafende Christian auch anwesend gewesen war. Jetzt war er jedenfalls wach. Sagen tat er mal wieder nix.

Dafür Diego umso mehr:

Deutschland ist schönes Land. Isch waren da für 2 Monate zu Besuch bei Freund.

Da ich den Freund nicht kannte, wusste ich nichts zu entgegnen. Ich versank lieber im Nougatmeer seiner Augen. Er redete und redete, doch ich hörte nichts davon. Diego war wie eine Droge, allein von seinem Anblick war ich schon bekifft. Und wenn mein Angebeteter dann auch noch an der Zigarette zog und den Rauch sinnlich im Zelt verströmen ließ, fiel ich fast in Ohnmacht. Mitten in meine verliebten Träume hinein sagte er:

Eh, was sein los? Krank?

Äh . . . ., nee, bin nicht krank, hab nur nachgedacht!

Nachgedacht? Worüber?

Ooch, nicht so wichtig!

Er warf sein Haar zurück (es roch übrigens nach Kirschen).

Doch, sehr wichtig. Etwa über,

er beugte sich näher zu mir herüber,

misch?

Danke für den Brief, das kleine Buch ist ja echt schön. Du hast einen guten Geschmack! ----------

Es ist ein echtes Ärgernis, schnell rot zu werden. Doch um meine kurzzeitige Verunsicherung zu überspielen, konterte ich mal wieder sehr locker und mit geheimnisvollem Unterton:

Vielleicht.

Da erschrak ich mich fürchterlich, denn Christian gab etwas Italienisches von sich, um sich zu verabschieden. Jedenfalls ging er aus dem Zelt. Diese Wendung gefiel mir gut. Anscheinend kam auch Diego das Alleinsein ganz recht, denn er lächelte und rückte näher zu mir herüber. Ich war noch nie verliebter, und das nach circa 5 Stunden Bekanntschaft.

Wir schwiegen uns verliebt an (jedenfalls kann ich das von mir behaupten), und weil mir die Situation peinlich wurde, bemerkte ich, um einfach irgendwas zu äußern:

Deine Haare sind schön lang! Sieht genial aus!

Danke! Isch habe 2 Jahre gedauert, bis sie waren so lang!

Ich lachte über sein super Deutsch, und weil er nicht verstand, was mich so amüsierte, guckte er mich dackelig an. Sogar wenn er gehirnamputiert aussah, war Diego durchaus anziehend.

Wie alt bist du?

17. Und du?

Ich bin 15!

Fabelhaft! Prima passen!

Aber wirklich!

Dann redete er wieder endlos lange, wohl über sein Zuhause, seine Familie, ach, was weiß ich. Ich glotzte (man kann nicht mehr gucken sagen, das hätte die Situation nicht ausreichend beschrieben) ihn an und schätzte mich glücklich, ihn getroffen zu haben.

22.12.   0177/1234567:

Würde ich sonst mit dir kommunizieren? ----------

Plötzlich stoppte er mitten im Satz und strich mir eine Haarsträhne aus dem Gesicht.

Du bist houbsch!

Danke, gleichfalls.

Diego lachte ein tiefes, sinnliches Hollywoodkitschfilmlachen. Er beugte sich noch näher zu mir herüber und murmelte italienische Liebesschwüre, jedenfalls klang es so. Dann küsste er mich, ich küsste ihn, und alles ging furchtbar schnell. Plötzlich hatte ich mein T-Shirt nicht mehr an mir, sondern neben mir. Ich machte mich, gegen heftigen Widerstand kämpfend, von ihm los und wusste nicht so recht, WAS ich denn nun eigentlich wollte. Das war doch genau DIE Situation, in die ich mich seit ein paar Stunden wünschte. Warum sah ich jetzt alles mit anderen Augen und mich selbst wie eine billige Dame zweifelhaften Rufes? Es war wie damals, als ich mir unbedingt einen ekligen Horrorfilm anschauen wollte, als ich allerdings im Kino saß, die ganze Zeit wegschaute.

Was hast du?

Das … das ist mir alles viel zu schnell gegangen! Ich kenn dich ja gerade mal ein paar Stunden und habe noch keinen Bock auf so etwas!

Na gut, isch denkte, du wollen auch, aber na ja, kann nichts machen. Du bist aber nischt böse?

Ich gab ihm einen sehr flüchtigen Kuss auf die Wange und machte, dass ich aus dem Zelt kam. Wahrscheinlich war mein Haar total zerzaust und meine Schminke verwischt, aber das war mir ziemlich egal. In meinem Kopf herrschte ein heilloses Durcheinander, und ich fühlte mich wie Erbrochenes.

0177/7654321:

Charmeur! ----------

Ich war nicht mehr die Männer verschlingende Queen, sondern nur noch ein dünner Schatten meiner selbst. Ich legte mich in mein Zelt und hörte draußen die Gruppenleiter alle zusammenrufen, für das erste Kennenlernen. Darauf hatte ich jetzt aber keine Lust. Ich schlief einfach ein.

Als ich erwachte, dämmerte es bereits, und ich nahm den Geruch von über dem Lagerfeuer gerösteten Kartoffeln wahr. Ich setzte mich auf und zog meine Schuhe an, um rauszugehen. Schließlich konnte ich mich nicht das ganze Lager lang im Zelt verschanzen.

Da kam Sabine freudestrahlend herein und flog geradezu auf ihre Luma.

Wow!

War das Einzige, womit sie ihr scheinbares Glück zum Ausdruck brachte.

Was ist denn mit dir los?

Ich bin gerade DEM Jungen schlechthin begegnet, Italiener. Ein italienischer Traum!

Bitte nicht!, dachte ich verzweifelt. Nicht jetzt, nach meinem grausamen Erlebnis! Bitte unterbreite mir jetzt keine Heiratspläne deinerseits und keine Mitleidsbekundungen meinerseits! Aber ich konnte Sabbel-Sabine nicht stoppen:

Er hat lange, schwarze Haare, umwerfend! Du müsstest ihn sehen! Und merkwürdigerweise hat er die gleichen hässlichen Schuhe wie du. Das ist aber auch der einzige Weggucker. Ich habe mich prächtig mit ihm unterhalten. Nachher sind wir am Lagerfeuer verabredet!

Mir fiel alles aus dem Gesicht. Ich hatte auf einmal das dringende Bedürfnis, meinen Mageninhalt loszuwerden. Und doch stellte ich die alles entscheidende Frage:

2 2 . 1 2 .   0177/1234567:

Wie ist es, bleibt es beim 2.1.? ---------------

Heißt der Typ Diego?

He, woher weißt du das?

Weibliche Intuition! (Kotz, brech, würg!)

Na ja, egal, was soll ich anziehen?

Sabine redete und redete, während ich an die beste Art des Selbstmordes dachte.

Den Rest des Ferienlagers habe ich größtenteils im Zelt verbracht, ich wollte nicht sehen, wie Sabine und Diego über den Platz turtelten; nachdem sie in seinem Zelt wahrscheinlich schon die «wahre Liebe» erlebt hatten.

Ein paar gute Seiten hatte die ganze Sache aber doch:

Seit dem Camp kifft Sabine nicht mehr, sondern kommt auf anderen Wegen zur Glückseligkeit. Ich habe eingesehen, dass nicht jeder Typ, der nach 3 Stunden Liebe machen will, wirklich in einen verliebt ist.

Außerdem warte ich jetzt auf die einzige, große Liebe und bin ein wenig vernünftiger geworden im Umgang mit meinen weiblichen Reizen.

Als ich wieder zu Hause war, warf ich die rotblauen Schuhe in den Restmüll und kaufte mir ein Paar rote und ein Paar blaue.

ENDE

0177/7654321:

Ja, klar. ----------

FOTO VON *Ulrike Böhm*

2 2 . 1 2 .   0 1 7 7 / 1 2 3 4 5 6 7 :

Dann sehn wir uns also nächstes Jahr schon! ;-) Ich freu mich. --
----

Sophie Lenz

Liebe – verzweifelt gesucht

oder Die Unmöglichkeit, diese zu finden im Hinblick
auf dörfliche Tradition und Gesellschaftsordnung

In unserem schönen Dorf, einer 1000-Seelen-Gemeinde,
verloren zwischen alpinen Kalkmassiven und den bucke-
ligen Gesteinen des oberösterreichischen Mühlviertels,
wird Jahr für Jahr eine Reihe traditioneller Bräuche prak-
tiziert, bei denen ich, als vorprogrammiert erfolgreicher
Erbe des Pfaffenhub-Gutes, natürlich an vorderster Front
Anteil zu nehmen als gesellschaftliche Verpflichtung be-
trachte.

So heißt es beispielsweise für alle Twens, die sich dem
dreißigsten Geburtstag nähern und sich noch nicht in ehe-
lichem Stande niedergelassen haben, unverhofft und umso
gnadenloser: *Zwangspoltern.* Dazu wird ein etwa gleichaltri-
ger, selbstverständlich ebenfalls unverheirateter anders ge-
schlechtlicher Dorfbewohner auserwählt, um mit jenem
zwangsverpflichtet eine Nacht zu verbringen; natürlich nicht
ohne Tücken und Pannen, inszeniert und überwacht von der
Landjugend. Luftballons unter der Matratze, Gucklöcher in der
Wand, versteckte Wecker, die sich beim Bimmeln abwechseln,
sind noch die konventionellsten Methoden, um dem ganzen
Dorf eine «unvergessliche Nacht» zu gestalten.

Nun zu mir in meiner Person als zukünftiger Großgrund-
besitzer, aktiver Dorf-Society-Gestalter und ganz neben-

:-) --------------------

her erfolgreicher Börsenspekulant, jedoch bereits auf 27 Lenze zurückblickend, ohne die Frau fürs Leben gefunden zu haben.

Die geheime Angst vor dem Zwangspoltern zuzugeben, wäre allerdings eine Schwäche, die ich mir niemals gestatten würde. Da schon lieber Kurzurlaub vom stetigen Beobachten der Börsenkurse und der Rinderzucht nehmen und mich, streng geheim und nur unter Einweihung meines Kumpels Misthaufen-Max, einer wahren Perle in einer rauen Schale, auf Brautsuche begeben. Nun, auch hierfür haben unsere Urahnen bereits eine hübsche Tradition erfunden: Am 26. Dezember fahren wir jungen Männer von einem Dorfmädel zum anderen, ein großes Messer im Gepäck, mit dem jeweils ein Auserwählter das vorderste Stück eines Christstollens – das *Scherzerl* – abzuschneiden hat, und zwar so klein, dass es in eine Streichholzschachtel passt; diese Streichholzschachtel verpackt das Mädel dann mehr oder weniger liebevoll und gibt es «ihrem» Burschen auf den Weg mit; eine symbolische Handlung, um auf ihr ehrliches Interesse hinzuweisen. Natürlich wird der Auserwählte auch mit einer gewissen Menge Schnaps belohnt; die Teilnahme an diesen Fahrten zum Stollenanschneiden bringt also nur Vorteile, dachte ich mir; wies jedes Mädel, das wir besuchten, auf meine günstigen Börsenkurse, oder, in für sie leichter verständlichen Worten, auf meine pralle Geldbörse hin – und nahm dementsprechend viele Scherzerl in Streichholzschachteln mit auf den Weg. Was ich zu erwähnen vergaß: Die Menge des vor Ort zu konsumierenden Schnapses richtet sich nach der Größe des Scherzerls – beziehungsweise «Kleinheit», infolge also nach der Geschicklichkeit des Anschneiders, und aufgrund dieses klitzekleinen Details schlitterte ich viel zu früh in einen fatalen Teufelskreis – denn die logische Abfolge: mehr Schnaps → verminderte motorische Fähigkeiten → größeres Scherzerl → mehr Schnaps konnte selbst ich nicht durchbrechen. Das Resultat dieses Kalkulationsfehlers meinerseits war also, dass ich mich letztendlich vor dem Hause einer Verehrerin mittels unverdauten Mageninhalts im Tiefschnee verewigte, von meinen Freunden nach Hause gebracht und am nächsten Tag in der Kirche von der versammelten Gemeinde als der «Traditions-Brechende» begrüßt wurde.

Frustriert von dieser ersten Etappe meiner Suche nach Liebe und vom ganzen Dorf verlacht, erwog ich schon ernsthaft, mich dem mir unvermeidlich scheinenden Zwangspoltern hinzugeben und hätte es sicherlich auch getan, wäre da nicht mein Kumpel gewesen, Misthaufen-Max. Nur nicht aufgeben, mit dieser Parole belästigte er mich so lange, bis ich mich tatsächlich überreden ließ, zu Plan B überzugehen. Misthaufen-Max, stolzer Besitzer eines Fernsehapparates, wusste vieles aus der großen weiten Welt und erteilte mir Lektionen über Dinge, die er «Romantik» und «Verführung» nannte, und lehrte mich, an der Teppichstange meiner Großmutter Klimmzüge zu machen – und bald war es so weit, er schickte mich eines Nachts los, um eine weitere dörfliche Tradition, das *Fensterln* – der Bursche klettert im Mondenschein zum Fenster der Angebeteten empor, um durch die Scheibe zu flirten – mit amerikanischer Romantik – eine Rose zwischen den Zähnen – zu vermischen. Barbara hieß meine Auserwählte, an deren Balkon

Danke, gleichfalls. Woran erkennen wir uns morgen? ----------

ich mich gekonnt emporstemmte, einen rot bemalten Tannenzapfen – denn wer kann sich schon im tiefsten Winter eine echte Rose leisten? – im Mund; und tatsächlich, Barbara war alleine auf ihrem Zimmer, erblickte mich auch sofort – doch alles Weitere war nicht geplant gewesen und ist einzig und allein Barbaras falscher und von enormer Unreife zeugender Reaktion zuzuschreiben. Zu peinlich wäre es, ausführlich zu beschreiben, wie sie zuerst staunend ihre Nase ans Fenster drückte und dann in einer Stimmlage, die mühelos bis zu mir, am Balkongeländer hängend, vordrang, schrie: «Mama! Papa! Opa! Schnell! Guckt mal, was hier Lustiges ist! Schnell, sonst ist, fällt es runter!» Und wirklich, ich ließ mich vor Schreck fallen, vergaß, dass sich genau unter dem Balkon die Kinderwippe von Barbaras Geschwistern befand, konnte nicht wissen, dass am unteren Ende dieser Wippe eine Katze saß, der der wartende Max in einem Anflug von kindischer Langeweile eine Wäscheleine um den Hals gelegt hatte, und war schließlich ohnmächtig, den weiteren Verlauf zu beeinflussen: Ich landete am oberen Ende der Wippe, die Katze wurde in die Luft katapultiert, die Leine verfing sich im Geäst eines Apfelbaumes, und über unseren Köpfen baumelte das Tier – erdrosselt.

Was konnte dieses Resultat anderes bedeuten als: umgehenden Rückzug sowie das Abhaken eines weiteren Namens auf der Liste der heiratsfähigen Dorfbewohnerinnen.

Volle sechs Monate vergingen, ehe mich Misthaufen-Max zu Plan C bewegen konnte: Briefe eines anonymen Verfassers, der sich erst nach und nach zu erkennen gibt, wenn das Herz der Empfängerin bereits unwiderruflich gewonnen ist.

01.01.   0177/7654321:

Oh, das wird ja richtig spannend. Hm. Denk dir was aus! --------
----

Das Verfertigen der Briefe, die diesmal an eine gewisse Roswitha gehen sollten, war eine Leichtigkeit für einen Verführer wie mich – die Zustellung jedoch hätte ich lieber der Post anvertrauen sollen, anstatt mich, um das Porto zu sparen, selbst auf den Weg zu machen, um den Brief zu überbringen. Sinn und Zweck des anonymen Schreibens ist es ja, als Verfasser unerkannt zu bleiben. Macht dieser Verfasser jedoch beim Suchen des Briefkastens vor der Haustür der Angebeteten einen derartigen Krach, dass die an sich schwerhörige Großtante ihr Fenster öffnet, fragt, ob sie irgendwie behilflich sein kann und auf die geistesgegenwärtige Antwort des Verfassers, sie möge der Großnichte doch bitte diesen Brief geben, erfreut ausruft: «Jö, Hansi, du bist es! Wie geht's denn dem neuen Schweinderl?» – ja, dann ist das mit dem Unerkannt-Bleiben so eine Sache.

Auch hier war also Rückzug angesagt, verbunden mit der innigen Hoffnung, Roswitha würde mich niemals auf den Brief ansprechen.

Dennoch hatte mich die Lust am Nicht-Aufgeben mittlerweile selbst gepackt. Und die Idee mit den Briefen war ja an sich nicht schlecht – warum also keinen weiteren Versuch starten, bei dem ich beweisen konnte, dass ich aus früheren Fehlern gelernt hatte?

Die Zustellung der Briefe an Veronika Schöberl überließ ich diesmal Karl, unserem braven Dorf-Postmann. Das Schreiben der Briefe, die in Inhalt und Ausdruck immer eindeutiger und leidenschaftlicher wurden, erledigte ich ohnehin schon profimäßig. Allerdings verstand ich nicht, dass Veronika, obwohl ich schon zahlreiche unverwechselbare Hinweise auf meine Identität hatte einfließen lassen, keinerlei Reaktion zeigte.

---

0 1 7 7 / 1 2 3 4 5 6 7 :

Also, ich bin leicht zu erkennen: Ich hab das freundlichste Lächeln von ganz Bonn. ----------

Nur ihre Großmutter musterte mich in der Kirche von Woche zu Woche eindringlicher.

Doch den fatalen Fehler, der mir diesmal unterlaufen war, realisierte ich erst, als ich einen Brief in fast unleserlicher Kurrentschrift erhielt, der von etwa folgenden Worten eingeleitet wurde: «Mein feuriger Don Giovanni! Endlich hat ein junger Mann begriffen, welche Reize auch ältere Frauen aufzuweisen haben …», und endete: «… nun denn, ich warte heute um zehn vor der Scheune, um mich von dir auf den Heuboden heben zu lassen, wo sich mein Gebiss mit deinen kräftigen Lippen vereinigen kann. In heißer Erwartung – Veronika Schöberl sen.» Dass Vornamen in unserem Dorf – ebenfalls traditionsgemäß – über Generationen hinweg weitervererbt werden, muss ich wohl nicht mehr extra anmerken.

Natürlich kam ich nicht zur Scheune – was Veronika Schöberl sen. jedoch nicht daran hinderte, ihren Strick-Kumpaninnen vom Kaffeekränzchen zu erzählen, der Pfaffenhub-Hans hätte ehrliches Interesse an ihr und auch sie wäre abgeneigt, sich einer weiteren Entwicklung hindernd in den Weg zu stellen.

Ja, von einer letzten Tradition möchte ich noch erzählen: die uneingeschränkte Datenweitergabe zwischen Kaffeekränzchen, Saufbankerl – dem männlichen Pendant zum Kaffeekränzchen –, Stammtisch, Krämerladen sowie allgemeiner Bevölkerung.

Ein Gutes hatte die Sache: Einen jungen Mann, der bekannt ist für seine Erfahrungen mit einer «reiferen Frau», verpflichtet nicht einmal die Landjugend unseres Dorfes zum «Zwangspoltern». Somit kann man also behaupten, die

01.01.   0177/7654321:

Ha! --------------

Brautsuche des auf Erfolg programmierten Pfaffenhub-Hans
war nicht uneffektiv – und wird in Kürze mit frischem Elan
wieder aufgenommen ...

0 1 7 7 / 1 2 3 4 5 6 7 :

O.k., romantischer. Ich warte am Ausgang vom HBF mit einer
Rose! ----------

FOTO VON *Silvia Egger*

01.01.   0177/7654321:

... Zwischen den Zähnen?! ----------------

Claudia Gehrmann

Nicht vorbei

Schatten in den Augen
Und getrübt die Pupille.
Tränen erstickend
Und transparent sein.
Verschmiert das Spiegelbild
Und weinend aus dem Haus
Zur U-Bahn gehen.
Versuchen zu lächeln
Oder zu denken.
Dramatisieren und gestikulieren.
Atmen und hysterisches Saugen nach Luft.
Nase an Wange,
Finger im Gesicht.
Taumelnd erinnern,
Bestreiten und fühlen,
Dass es nicht einfach ist
Zu sagen, es ist vorbei,
Ich lieb dich nicht mehr.
Und trotzdem bist du mir wichtig
Und nicht egal.
Ich liebe dich – nur jetzt anders.

0 1 7 7 / 1 2 3 4 5 6 7 :

… in der Hand! ----------

Maria Dorner

Liebe ist blau

Die Vorhänge sind blau. Hellblau. Ich weiß, sie sind nichts sagend. Ein schönes, stechendes Blau wäre dir lieber gewesen. Der Schreibtisch ist auch blau, er glänzt. Der blaue Teppich und die blauen Kacheln machen dein Leben vollkommen blau. Zu blau.

Ich frage mich nur, warum du blaue Kerzen kaufst und blaue Teller. Ich weiß, Blau ist deine Lieblingsfarbe.

Wenn du im Bett liegst, siehst du genau aus dem Fenster.

Die Wände sind weiß. Wenn es dunkel wird, bewegen sie sich auf dich zu. Wenn du keine Zigaretten hast, bewegen sie sich noch schneller. Sie kommen noch näher als sonst.

Ich bin mir sicher, du brauchst diese Dinger im Grunde gar nicht. Trotzdem scheint er dich zu beruhigen, der Zigarettenautomat an der Ecke.

Ich weiß, was du machst, wenn es dunkel wird. Du gehst deine Runden. Allein, immer in dieselbe Richtung. Einfach so, in deinem blauen Zimmer. Es ist dir zu klein, zu blau. Du rauchst dabei. Rauchen ist nicht gesund, doch es ist mir lieber. Lieber, als wenn du deine Nägel blutig beißt. Auch das machst du, wenn es dunkel ist.

Vor einiger Zeit, da war es besonders schlimm. Du bist noch mehr Runden gegangen, noch länger. Keine Ahnung, was du dir davon versprochen hast. Rauchend, Nägel beißend. Weinend. Dein Weinen hat mich erschreckt. Doch

01.01.   0177/7654321:

O.k., geht auch. Na, wenn das mal klappt. Ich habe einen grünen Regenmantel an. ----------

ich weiß genau, warum du es getan hast. Du hast etwas verloren, es nicht wieder gefunden. Was war es doch schnell? Ich weiß es nicht, habe es nie gewusst. Es schien dir sehr wichtig zu sein, vielleicht war es das Wichtigste in deinem Leben.

Suchen wolltest du es anfangs gar nicht, warum auch immer. Hast du geglaubt, es auf anderem Wege wieder zu finden? Wahrscheinlich.

Warum weinst du, wenn es dunkel ist, dunkel und blau. Wenn es hell ist, lachst du doch so oft. Manchmal verstehe ich dich nicht.

Irgendwann hast du dann zu suchen begonnen, nicht mehr damit aufgehört. Nichts anderes hast du mehr getan.

Eigenartig, habe ich gedacht. Was kann das bloß sein, was man nicht mehr wieder findet, so sehr man es auch sucht. Du hast mir erzählt, dass es früher immer bei dir war. Egal, was du gemacht hast, wo du auch warst. Du hast immer gewusst, dass du es hast. Ich weiß, du hast nicht damit gerechnet, es zu verlieren, es je verlieren zu können. Niemand hat damit gerechnet.

Wenn sich die Wände bewegt haben und das Blau immer blauer wurde, hast du aufgegeben. Ich habe es mit meinen eigenen Augen gesehen, das Rot. Der Wein hat das Blau zerstört, wenn auch nur für kurze Zeit. Ich kann mich gut erinnern, an die Zeilen. *Waiting for you, I drink a glass of wine …* Während du gewartet hast, hast du ein Glas Wein getrunken. Oder eine Flasche.

Hast du gedacht, es würde ganz plötzlich vor dir stehen? Ich weiß. Du hast es gehofft. Wenn du nicht gehofft hast, hast du gesucht. Du wolltest es haben, mehr als je etwas

Du trägst grüne Regenmäntel?! ----------

anderes in deinem Leben. Keine Angst, ich weiß schon. Es war nicht die Gier, die dich dazu getrieben hat. Es war etwas ganz anderes.

Eines Tages, es kam ganz unerwartet. Da hast du es gefunden. Du wolltest danach greifen, es an dich nehmen. Doch du konntest nicht, bekamst es nicht zu fassen. So sehr du dich auch bemüht hast.

Verstanden hast du es nicht, kein bisschen. Doch deine Runden wurden länger, deine Nägel immer kürzer.

Einmal hast du mir davon erzählt, vom blauen Boden, der unter deinen Füßen weggezogen wurde. Jede Nacht.

Oft habe ich dich beobachtet, in deiner blauen Welt. Wenn du sie verlassen hast, hast du oft gelacht. Du bist auch keine Runden gegangen.

Eigenartig, die Menschen da draußen haben nichts gewusst von deiner verlorenen Sache. Hast du es ihnen nie erzählt?

Doch sei ehrlich. Es gibt welche, denen hast du es gesagt. Sie wissen nicht, wie es ist, wenn man etwas verliert und nicht mehr wieder findet, hast du gemeint. Dann hast du weiter gesucht. Hast eine blaue Kerze angezündet und davon geträumt, es wieder zu finden.

Dumm gelaufen, das blaue Zimmer hat es verschluckt.

Gestern stehst du plötzlich vor meiner Tür, einen jungen Mann an deiner Hand. Er ist angeblich dein Exfreund. Ihr seid wieder ein Paar. Gratuliere, ich freue mich für euch. Du wolltest mir doch etwas Wichtiges erzählen, was war es doch gleich? Deine Augen haben geglänzt, unglaublich geglänzt.

01.01.   0177/7654321:

Nur einen! Mach dich ja nicht darüber lustig! ----------

Aus dir werde ich auch nicht schlau. Es war erst vor wenigen Monaten, als du es verloren hast. Nie mehr wieder gefunden hast, deine Runden gegangen bist. So gelitten hast. Hast du denn schon vergessen, was damals war? Bist du so mit deinem Freund beschäftigt, dass alles andere unwichtig wird? Das darf nicht sein. Ich weiß doch, wie wichtig es dir war, was du damals verloren hast. Ich kann dich einfach nicht verstehen. Aber wenn du willst, helfe ich dir einmal beim Suchen. Vielleicht hilft er auch mit, dein Freund.

Ein Glück, dass er da ist.

0 1 7 7 / 1 2 3 4 5 6 7 :

;-) Bis morgen dann also! -----------------

Dana Bönisch

Most mad and moonly

Im Licht einer Neonstrandpromenadenlaterne, Mücken flüstern ihr was zu, das Meer rauscht, na gut, es ist nicht das Meer. Es sind Autos, ziemlich viele Autos, Gedanken, HipHop und rote Seidenschalfrauen transportierend.

Aber man weiß nie. Was passiert, wenn man wegsieht.

Es könnte das Meer sein.

Sie, das Mädchen, balanciert auf einem Ding (sagt mir, was es ist, ich glaube, nun, ein Parklückenmarkierungsstahlrohr). Er hält sie an der Hand, eine trockene Strandhand.

Ein Sommerkind. Sie balanciert, und er hält sie und ist glücklich, und es ist Sommer.

Es ist, wie es ist. Steckt euch die Metaphorik sonst wohin.

Die Autofahrer suchen ampelgelangweilt nach einer Geschichte der näheren Umgebung, aber sehen nicht wirklich Wunder, die vor sich gehen.

Das Erdbeereis schmeckt nicht so toll, ziemlich pappig, also genau wie in einer italienischen Strandbar, quasi wunderbar.

«Ich könnte jetzt sterben», sagt sie, «in der nächsten Minute.»

«Nein», sagt er, «könntest du nicht.»

«Klar, könnte ich wohl. Zufall. Ein Auto rast in mich rein. Oder ich könnte morgen sterben. Unglücklich die Treppe runterfallen zum Beispiel.»

02.01. (morgens)   0177/1234567:

Hallo? Ich kann dich nicht finden. Bist du schon da? ----------

«Nein, bestimmt nicht.»

«Warum bist du dir so sicher? Alles kann passieren.»

«Na ja, weil ich weiß, dass es nicht passieren wird.»

Sie hüpft runter und auf das nächste Ding rauf; zwischendurch ein Schmetterlingskuss, kitzelnd, love is most mad and moonly, sagt ein Dichter mit wissenden Augen.

Thinner than recall. Thicker than forget.

Die beiden sind auf der gleichen Schule, wenn nicht gerade Sommerferien sind und das Leben frei.

Unten bei den Kunsträumen sprachen sie zum ersten Mal miteinander. Unten bei den Kunsträumen hängt eine Karte von der Gegend um den Ort, in dem die Schule ist. Es ist ein kleiner Ort. Deswegen ist auch ein Pudelsalon eingezeichnet.

Er, der Junge, starrte auf die Karte und war traurig. Da sah er einen Pfeil, den jemand gemalt hatte. Er zeigte auf eine kleine Straße. Mit dünnem Kuli war «Gott» daneben geschrieben.

Gott wohnt im Beller Weg.

«Ich weiß», sagt er, «dass wir zusammen auf einer Terrasse am Meer sitzen werden, wenn wir alt sind.»

«Na ja, wir könnten uns doch irgendwann trennen. Bald schon oder später.»

«Nein.» Er lacht in die hupende Samstagnacht.

«Warum nicht?»

«Liebst du mich denn nicht?»

«Doch. Natürlich.»

«Also.»

«Aber was, wenn Liebe nicht ewig ist?»

«Ist sie. Ganz sicher. Alles andere vergeht.»

0 1 7 7 / 7 6 5 4 3 2 1 :

Ich seh dich auch nicht. Ich steh vor einem Bäcker! ----------

Sie springt runter, küsst ihn und fühlt sich wie Abschied am Flughafen.

«Warum zweifelst du immer?», fragt er.

Ganz nah, Nase an Nase, Atem in Atem, Leben ein und aus.

«Ich glaube, ich will ein Geheimnis erfahren, das du weißt», sagt sie. Er versteht nicht und lächelt, als wäre das was Verrücktes, da versteht sie auch nicht mehr.

An einem Straßenrand gibt es Schmetterlingsglitzerhaarspangen, die ihre Flügel bewegen können.

Die Zeit geht so schnell vorbei. Für Liebende, die durch Straßen wie Meere gehen, hat sie nichts übrig. Mutig muss man sein.

Der Tag geht vorbei, und viele Tage gehen vorbei, werden zu Monaten, die vergehen.

Diverse Versuche, sich an Momenten festzuhalten oder an Liedern, sich wieder zu finden und zu spüren. Okay, auch Momente, die zeitlos scheinen, sie schaffen es manchmal tatsächlich, gemeinsam auf den großen Knopf zu drücken; aber nie lange, die Kraft reicht nicht aus.

Jetzt ist es still, als sie, das Mädchen, allein spazieren geht. Ihre Schritte knirschen auf dem weißen Weg. Lichter zwinkern hinter Büschen. Aber wenn man stehen bleibt und lauscht.

Dann ist es nicht ganz still. Das könnten Engel sein, die singen, oder die Autobahn sehr weit weg. Im Prinzip egal.

Gestern stand er vor ihrer Tür, mit Eiswangen und nicht verstehend. Er liebte mit kindlichem Glauben. Am zugefrorenen Teich arbeitet ein Mann mit blauer Mütze.

02.01. (abends)   0177/1234567:

Das war ein schöner Tag. Du fehlst mir jetzt schon. ----------

Er fängt die Enten ein und verlädt sie in einen kleinen Laster.

«Ja, was hatten Sie denn gedacht», sagte er entschuldigend, «dass die hier bleiben im Winter?»

Ich hätte ihn beschützen müssen, sagt sie zu den Enten.

Er war voll Vertrauen in das Leben.

Die sagen gar nichts, die Enten.

Ganz selten ein kurzes Schnattern, sie kennen ihr Schicksal, klar.

Ist Liebe ewig?

Von Bedeutung ist, ob man daran glaubt, dass sie ewig dauern wird.

«Bringen Sie sie im Frühling wieder hierher?»

«Wenn der richtige Tag kommt, ja. Machen Sie's gut.»

Er schließt die Klappe, es schnattert.

Er startet den kleinen Laster, einmal, zweimal, dann fährt er los.

«Moment mal», ruft sie hinterher, «wo bringen Sie sie hin?»

Die Enten und der Mann mit der blauen Mütze fahren weg.

Gott wohnt im Beller Weg.

Man könnte mal klingeln. Man könnte mal fragen, was so abgeht.

Warum.

Ohne die Enten ist es ganz still.

Es beginnt zu schneien.

0 1 7 7 / 7 6 5 4 3 2 1 :

Seufz. ---

FOTOS VON *Kathrin Ahlt*

02.01. (abends)   0177/1234567:

Möchtest du eine Gute-Nacht-Nachricht? ----------

0 1 7 7 / 7 6 5 4 3 2 1 :

Ja, gerne!! ----------

Julia Bahn

Lass uns nicht verliebt sein, bitte ...

Die letzte Nacht war mal wieder eine von denen, die ich am meisten hasse. Nicht müde genug, um zu schlafen und die kreisenden Gedanken abzustellen. Nicht wach genug, um zu lesen oder einigermaßen Sinnvolles zu denken.

Der Morgen ist nicht besser, im Gegenteil, ein Blick in den Spiegel und – igitt!! Dich wasche ich nicht, dich kenne ich nicht ... – Die Nachbarn schaffen es mal wieder, so laut zu brüllen, dass mir nichts anderes übrig bleibt, als die Musik noch ein paar Phon höher zu drehen, Tocotronic – ich möchte irgendetwas für dich sein, am Ende bin ich nur ich selbst ... – Kaffee, Zigarette, Aspirin, und da wäre ich auch schön wieder gefangen in einem großen Verdammt, warum?

Angefangen hat eigentlich alles im März. Da bin ich mit Martin zu einem Neben-Uni-Seminar gegangen. Thema «Sinnlosigkeit der Moral» oder so. War mir auch ein bisschen egal. Denn eigentlich habe ich das nur Martin zuliebe getan.

Martin – kurzweilig und vor allem aus Langeweile und wechselseitiger Bedürfnisbefriedigung hatten wir einige Zeit «etwas». Außerdem ist Martin schön. Ein Adonis eben. Und Jan, um den meine Gedanken sich drehen, war auch dabei, aber den habe ich geschlagene zwei Monate nicht weiter bemerkt.

02.01. (abends)   0177/1234567:

Rilke: O Lächeln, erstes Lächeln. Wie war das eines: Duft der Lilien atmen, Parkstille hören (Teil 2 kommt morgen) ----------

Dann aber folgte eine Party, nein, die Party. Ich war fasziniert von seiner Art zu tanzen. Passiert ja nicht allzu häufig, dass Männer tanzen, und wenn, sieht das immer irgendwie nach unrhythmischer «Diese-Körperteile-gehören-nicht-zu-mir»-Sache aus. Aber Jan, das animierte einfach nur zum Anstarren, Sabbern, Mittanzen. Und dabei fiel mir auch noch auf, dass er sehr schön ist. Eine perfekte Mischung aus meinem Ex und dem Bassisten von Tocotronic, nur noch etwa zehn Zentimeter größer.

Leider sahen wir uns erst nach einem Monat wieder, ich war in England, Urlaub. Zurück in meiner Wohnung, erhielt ich eine Einladung zum Essen, welche ich ausschließlich Martin zu verdanken hatte. Ein Zusammenkochen in seiner WG mit zig anderen. So was mag ich nicht gerade gerne. Da mein Kühlschrank jedoch meist leer ist – hätte ich die Kohle, ihn zu füllen, wär die Kost sicher schnell ein lebendes Feuchtbiotop –, habe ich zugesagt. Also stand ich an einem Samstag so gegen sechs Uhr samt angeforderter Kochplatte in der WG. Ihre Bewohner waren ausnahmslos mies drauf, und so verzog ich mich erst mal in die Küche. Dort erhielt ich den spannenden Auftrag, «schon mal den Spargel zu schälen. Der Rest hilft auch gleich …». Da saß ich alleine, schälte die Dinger und hörte nebenbei Die Sterne. Ich merkte nicht mal, dass mir Jan gegenübersaß.

Blöde Situation. Irgendwie fanden wir uns ja auch interessant, kannten uns aber eher wenig und hatten keine großartige Lust, uns über Politik zu unterhalten. Das taten wir sonst schon ununterbrochen. Also Musik, Tocotronic, Die Sterne, Pulp, blur … immer wieder kamen andere Menschen in die Küche, unterhielten sich, kochten, und irgendwann aßen wir.

0177/7654321:

… plötzlich ineinander aufschauen und staunen bis heran ans Lächeln (Teil 2 wollte nicht warten und ist jetzt schon da!) -----

Nach dem dritten Glas Weißwein merkte ich, wie viele Menschen da waren und wie arg betrunken ich schon war. Jan wollte unbedingt noch tanzen gehen, und das konnte, wollte ich mir auch nicht entgehen lassen.

Wir tanzten, teilten uns das Bier, und er hielt meinen Kopf, als ich in der Morgendämmerung auf dem Nachhauseweg kotzen musste.

So lief das eine ganze Weile. Wir gingen tanzen, in diversen Kneipen der Stadt ließen wir unser Geld, diskutierten nächtelang, und irgendwann, aufgrund fortgeschrittener Stunde, durfte ich in den Hallen des Olymp nächtigen, in seinem Bett, ohne ihn, der Galan schlief auf dem Sessel. Meine Hormone spielten verrückt, und schlafen konnte ich dann dummerweise auch nicht. Am nächsten Morgen stand ich auf, ging in die Küche, in der Jan bereits in Unterhose (lechz!!) putzte, diverse Liebeslieder von Lindenberg, Nena und Tocotronic sang. Ich verzweifelte und verließ ohne Kaffee, ohne Zigarette, ohne Worte die Wohnung. Hinterließ einen ziemlich verstörten Jan.

Eigentlich war alles perfekt. Wir hörten dieselbe Musik, lasen dieselben Bücher, diskutierten viel und gerne, tranken viel und oft, waren äußerst chaotisch, ziellos, planlos, und wenn ich ihm gegenübersaß, wusste ich, der Mann ist ebenso verrückt nach mir wie ich nach ihm.

Ich lege eine neue Platte auf, telefoniere mit Martin und mit meiner Mutter, die sich mal wieder nicht ohne Sorge um mich präsentiert, «Kind, isst du denn auch genug? Du bist immer so arg schmal.» – Na ja, essen nicht. Meist muss Flüssignahrung reichen.

02.01. (abends)   0177/1234567:

Du machst mich sprachlos! ----------

Sucker love I always find
someone to bruise and leave behind
all alone in space and time
there's nothing here but what here's mine
Something borrowed, something new
every me, every you.

Placebo, die haben da irgendwie Recht. Nochmals: verdammt!

Ich kann mich noch an einen Abend erinnern, an dem wir Listen geschrieben haben. Das tut ja jeder in gewissen Zuständen mal. Was wir hassen:

1. Kunst – da sie hip ist, aber keiner sie versteht und in ihr eine Notwendigkeit sieht
2. Müllberge in der Wohnung, da sie keiner wegschafft
3. Sozialwissenschaften
4. Kühlschränke ohne Flüssiginhalt
5. Leonardo di Caprio und Britney Spears, da beide völlig unsexy sind

Was wir lieben:

1. Jarvis Cocker und Brian Molko, da beide einfach nur geil sind
2. Charlotte Roche
3. Marx
4. Trash
5. Pure Morning – we will never sever

Danach saßen wir eng aneinander gequetscht vor dem Fernseher und schauten uns irgendeine schlechte Sissi-schwarz-

0177/7654321:

Nur weil ich auch Rilke kenne? Wie ärgerlich, dabei höre ich dich doch so gerne reden. ----------

weiß-Kopie an. Ich wollte Jan unbedingt küssen. Aber auch nur küssen, doch das traute ich mich nicht, da es sicher nicht bei dem «auch nur» geblieben wäre. Irgendwann schlief er dann ein, und ich ging nach Hause. Langsam war ich von dieser Beziehung, die zu weit war, um von Freundschaft zu reden, und zu nett war, um an Liebe zu denken, genervt.

Seine selbst komponierten Songs, alles Liebeslieder über angeregte Diskussionen, über uns, waren ja nett. Bloß, sie raubten mir jeglichen Nerv. Halt's Maul, Jan. Sag offen, was du willst, oder, verdammt, zeig es mir, laut, energisch, emotionsgeladen, ja, und ich? Ich rufe ihn an, lade ihn zum Bier ein, tue die tausend ersten Schritte, und die Antwort, beliebig einsetzbar: verliebter Blick, ohne Mut, ohne Eruption … Mann!!

Die letzte Chance. Ein Sterne-Konzert in Münster. Münster, das bedeutet eine ewig lange Autofahrt, viel Musik, hirnrissiges Rumalbern, da beim Autofahren ein einigermaßen sinniges Gespräch eher schwer ist. Der Konzertraum war einfach zu voll, zu rauchig, zu warm. Schwitzend stand ich irgendwo in der Mitte und Jan direkt hinter mir, was ich absolut und überhaupt nicht mag, resp. hasse ich das. Mich macht das wahnsinnig, er kann jede meiner Bewegungen sehen und bei der Enge auch nahezu jede spüren. Irgendwann drängelte er sich neben mich und legte seinen Arm um meine Hüfte, beugte sich zu mir herunter und – kein hemmungsloser Kuss, nur ein «Schön, mit dir hier zu sein. Ich kenne niemanden, der bei einem Konzert so gelöst ist». Der Arm war weg, und ich hätte statt meines Lächelns meine Faust direkt auf seine Fresse platzieren können.

02.01. (abends)   0177/1234567:

Weißt du, wie das Gedicht heißt? ----------

Die Rückfahrt verbrachten wir schweigend, Musik hörend und in die Dunkelheit starrend. Irgendwie hatte ich mir das Ganze etwas anders vorgestellt. In meinem Bett schlief ich schlecht. Am Morgen war ich ausgesucht schlecht drauf. Aspirin, Kaffee, Kippe, telefonierte mit Martin und meiner Mutter.

Am Abend rief ich Jan an und bespielte seinen Anrufbeantworter mit Frank Spilkers «Lass uns nicht verliebt sein, bitte ...». Aus.

Ob ich das aushalte, ich weiß es nicht. Bin halt verliebt, mit allem. Wenn ich ihn besuche, verraten es meine Knie, die mir zu meinem Ärger ab dem zweiten Stock versagen, wenn er mich anruft, versagt meine Stimme, und wenn wir tanzen gehen, starre ich ihn immer noch an. Statt Ewigkeiten auf eine Aktion seinerseits zu warten, hätte ich mich verbal nicht so zurückhalten sollen. Hätte ... sollen ... So ist das Ganze eine vertrackte Geschichte und reiht sich nahtlos in all die anderen ein, schönen Tag auch, ich bin Nummer 1109 ...

Martin, wir treffen uns mal wieder, ich erzähl ihm mein Leid und weiß, warum Jan am Abend zuvor nicht zu Hause war. Martin kennt dieselben Worte von ihm, Jan.

Mal wieder höre ich den Anrufbeantworter ab. «Jan, ich ziehe nach Köln.» Und im Hintergrund schnulzt Frank Spilker sein «Lass uns nicht verliebt sein, bitte». Damit lässt es sich dann leben, und ich fahre irgendwann sicher auch nach Köln.

Irgendwann.

0177/7654321:

Ja ... -----------------

Rabea Edel

... und Laura

November ist die Zeit der Vogelzüge. Lilienthal stürzte ab. Lindbergh überflog den Ozean, laut Logbuch, in dreiunddreißig Stunden. Das ist der Himmel. Berlin war grau, krank und herrlich. Es reichte nicht. Über der Stadt lag ein Geräusch, das nur in Geschichten vorkommt, und die Entfernungen verringerten sich. Diese Stadt machte alles wahrscheinlich.

Ich wollte in einer Stadt leben, deren Sprache ich nicht verstand. Deren Schrift und Schilder, Verbote und Straßennamen ich nicht verstand. Wie das Leben sich in Formen einrichtet, denen eine Dimension fehlt, waren viele Dinge nur ihr Geräusch. Äste schlugen ans Fenster, Zäune brachen, die Luft staute sich. In der Nacht hörte ich das Kreischen der Kräne im Wind.

Im Frühjahr gehörte das Haus, in dem ich wohnte, zur Innenstadt. Dann war der Garten im Hinterhof eine Landschaft, dort begann ein neuer Wald. Aber im Winter waren die Bäume nur noch aus Holz. Nachts wurde es kalt auf meiner Etage, ich schlief im Bett unter Decken aus Schnee, jeden Abend machte ich Schablonen für den Tag. Ich schlief, bis der Traum wehtat. Der Traum des Mädchens, das schon vor dem Schlaf sein Bett verlassen hat. Die Haut des Mädchens war wächsern. Dann erwachte ich, erinnerte mich, aber meistens war es zu spät. Alles war wie Theater.

02.01. (abends)   0177/1234567:

Schlaf schön, mein Burgfräulein. Ich meld mich morgen, dein (!) Julian. ----------

In diesem Jahr schneite es jahrelang, das hätte eine Geschichte provozieren können, und ich könnte mich erinnern:

Hol mich ab, hatte sie gesagt. Wo, hatte ich gefragt. Das sei egal. Irgendwo, wo man ankommt.

Die fünfte Zigarette ist immer die Enttäuschung über etwas. Das unerwartet späte Eintreffen des Zuges. Ich spürte plötzlich, dass ich Hände hatte, die Blicke verirrten sich im Liniengewirr. Ich begegnete dem Lächeln eines Blinden. Vielleicht klammerte ich mich da schon an die Passanten.

Wenn man die Haut berührt, wird sie weicher. Mir lagen Sätze im Kopf herum, lauter solche Sätze.

Sie trägt einen Mantel, sobald der erste Schnee fällt. Wir gehen in den Park, wir treten auf Holz. Über der Bahn liegen Wolken, als läge die Stadt in einem Tal. Sie spricht nur von den Menschen, denen sie auf der Straße begegnet. Bruchstellen: der Bogen der Augenbrauen, ihre Mundwinkel und Kinderhände. Wie sie mit den Wimpern vorangeht. Sie schaut, sie erschaut sich meinen Blick. Die Lichter der Straßenlampe schwimmen wie Fische in ihrem Haar, ihre Schultern immer voraus, Winterfeldplatz, eine Stunde nach Wein und Tee, niemand zündete eine Kerze an, und es wird fraglich nur ein Versuch sein, die Cafés nach ihr zu betreten.

Das Licht wird sich ändern, und ich werde alle Sätze durchstreichen. Diese Stadt machte alles wahrscheinlich.

Es gibt keine kältere Farbe als die des Berliner Himmels im Winter; bestanden die Tage daraus, sich zu einer unbestimmten Stunde in einem Park, auf einer Bank, in einem Café zu treffen. Manchmal küssten wir uns, als hätten wir den Mund voller Lebendigem, voller roter Blumen oder kleiner Fische. Die Luft war blau an solchen Tagen, der Horizont bestand aus

Schlaf du auch gut, alles Liebe, deine Sascha. -------------

einzelnen Entfernungen, das Licht stürzte vom Himmel, und wir nahmen es in die Hand. Ein unentwegtes Zucken und Stürzen aus Blau und Glanz. Als könnten Berührungen schmerzen.

Ich musste mich fallen lassen, jeden Abend, in eine beliebig andere Nacht. Denn alles, was ich tat, bedeutete wegzugehen und anzukommen.

Im Aufzug dann; ich erinnere mich, ich erinnere mich, gesagt zu haben, ich sehe sie, und erinnere mich, ihr gesagt zu haben, im Winter seien die Bäume auch nur aus Holz, erste Etage, das Wetter, achte, zwölfte Etage, seit der Antike sei die Verführung mit der Kriegskunst gleichzusetzen, fünfzehnte Etage, jede Schnecke habe männliche und weibliche Organe, bei der Liebe stoße eine der anderen einen Kalkdolch in den Körper, zwanzigste Etage, dieses Haus habe zu viele Stockwerke, wenn sich einer …, dann dauere der freie Fall bis zu vier Sekunden; – ihr Lachen, das größte Glück sei es, ein Gummiband im Höschen zu haben –; als ob sich die Nacht im Kopf hinabsenkt, die Vorstellung von der Welt als ein Zimmer.

Zu wenig Schlösser für zu viel Luft, und eines Tages wirst du frei sein für den Weg in eine andere Stadt, dann wirst du ihren Namen sagen können, ohne dir die Zunge zu verletzen, verkündete ein von Alkohol krankes Orakel.

Ich halte die Zeit an, solange ich will.

Die Sonne geht schon am Nachmittag unter, und es riecht nach Schnee, mitten im November. Wir schweigen. Wir sehen uns an. Wir lieben uns. Wir lassen unsere Körper lieben. Wir schweigen. Aber es bleibt die Haut, die wir einander wund tasten. Später wird sie sich waschen, sie wird sich anziehen

@-,------------------------

und an meinem Rücken einschlafen. Vielleicht werde ich weinen, später. Weil sie weinen wird.

Einmal erzählte sie, das Meer sei über Nacht größer geworden. Es klang wie ein Schlaflied, es klang wie ein Kinderlied, es klang schön.

Vielleicht werde ich altern, ohne zu wissen, sie erwartet zu haben, in den Cafés, auf den Bahnhöfen, werde ich mich im Eisenbett meiner Kinderzeit ertränken. Versuchte ich, ihr Handgelenk mit meinen Fingern zu umschließen, wartete am Ende der Straße ein Engel auf sie, auf mich, mit verklebten Flügeln. Als ändere sich das Bild ein weiteres Mal; die ganze Stadt in marmorner Stille erstarrt. Die Schatten der Bäume pechschwarz. Und Laura. Die neben mir ging. Und vielleicht irre ich mich, vielleicht verwechsle ich diese Stadt, diesen Winter mit dem, wovon ich dachte, dass es mir hätte zustoßen müssen.

Da war mein Bett, das nach Körper roch; nach Haar und nach einer Frau. Doch mein Bett war von der Stadt getrennt. Am Morgen wachte ich auf und wusste es, weil etwas fehlte. Ich streckte die Hand aus und berührte die Stadt, das, was sich am Fenster abzeichnete. Und plötzlich war alles ein Netz aus Straßen, Menschen, Monaten, Entfernungen. Laura. Wie mit Tusche gezeichnet. Und das Winterende ein Spiegel.

Stefanie Schultze

Was ist Liebe?

Wohin du gehst
sagt er zu ihr
muss ich nicht wissen
denn du stehst
wenn wir uns missen
neben mir

Mit wem du lachst
so sie darauf
musst du nicht sagen
denn du wachst
in ein paar Tagen
mit mir auf

FOTOS VON *Susanne Wagner*

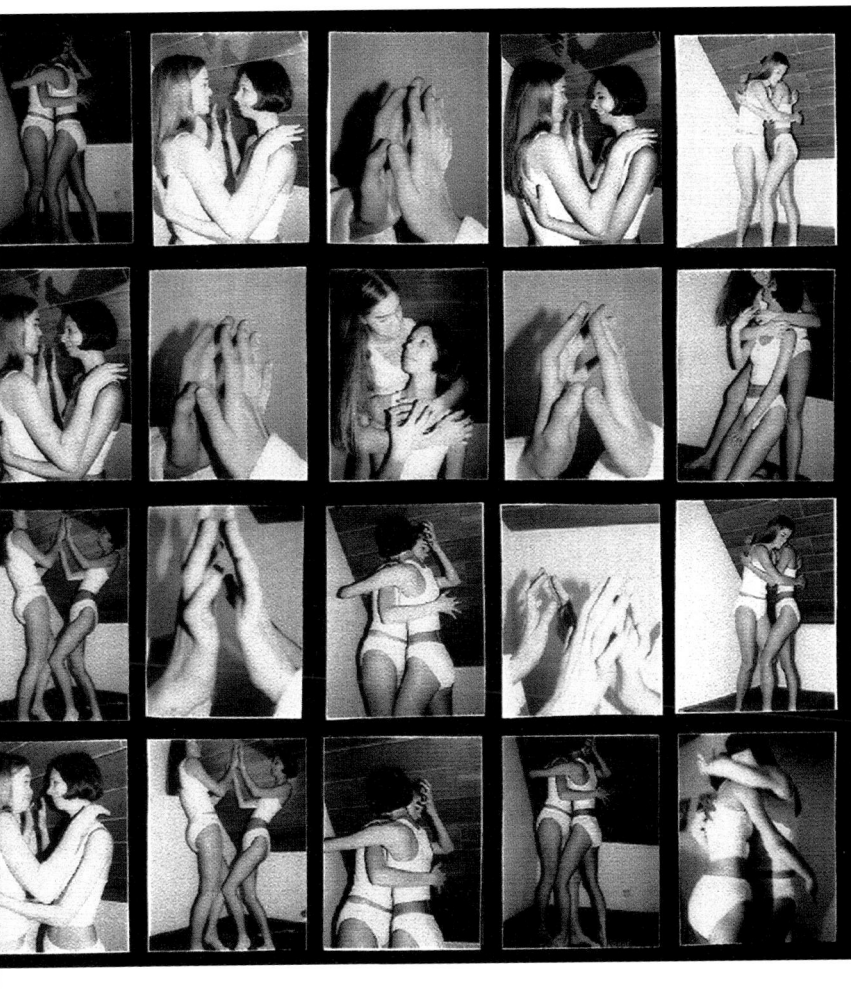

Die Jury-Mitglieder

Katrin Bergann, stellvertretende Chefredakteurin Brigitte YOUNG MISS

Anne Coppenrath, Chefredakteurin Brigitte YOUNG MISS

Astrid Grosser, freie Fotografin, arbeitete u. a. für Viag Intercom, S. Oliver und die DAK

Hans Hansen, Fotograf und Gastdozent an der Fachhochschule für Gestaltung, Hamburg

Jule Husmann, Art-Directorin Brigitte YOUNG MISS

Ingrid Kolb, Leiterin der Henri-Nannen-Schule, Hamburg

Juliane Schaffrath, Textchefin Brigitte YOUNG MISS

Ralf Schweikart, programmverantwortlicher Lektor im Rowohlt Taschenbuch Verlag

Verzeichnis der Autorinnen und Autoren, Fotografinnen und Fotografen

Ahlt, Kathrin

Bahn, Julia, 20 Jahre, möchte Buchhändlerin werden

Barklage, Friederike, 14 Jahre

Becker, Susanne, 19 Jahre, Schülerin

Bialleck, Katharina, 20 Jahre, studiert Kommunikationswissen-
schaften und arbeitet für die Lokalzeitung (3. Preis Kurzgeschichte
angehende Profis)

Bischoff, Stefanie

Böhm, Ulrike

Böhmig, Andreas

Bönisch, Dana, 17 Jahre, Schülerin, erste Veröffentlichungen in
Anthologien und «jetzt» (1. Preis Kurzgeschichte angehende
Profis)

Brauner, Katrin

Breuer, Marcia

Czech, Natalie

Diekmann, Darius A., 24 Jahre alt, studiert Jura (2. Preis Kurzgeschichte Anfänger)

Dorner, Maria, 19 Jahre, studiert Publizistik, Kommunikations-
wissenschaft und Französisch

Edel, Rabea, 18 Jahre, Schülerin, Teilnehmerin an Treffen Junger
Autoren, Veröffentlichungen in Anthologien

Egger, Silvia

Engebrecht, Katrin, 24 Jahre, Teilnehmerin an einem mehrjährigen
«Kreatives Schreiben»-Kurs, studiert Germanistik und spanische
Literatur

Ernst, Michael (2. Preis Fotografie Amateure)

Fritsche, Rebecca Anna, 17 Jahre, Schülerin

Gabler, Sophie, 20 Jahre, studiert Bühnenkostüm

Gehrmann, Claudia, 17 Jahre, Schülerin, möchte nach dem Abitur
ein freiwilliges soziales Jahr in Russland verbringen

Hahlbohm, Katharina, 16 Jahre (2. Preis Lyrik)

Holch, Andreas, 20 Jahre alt, studiert Wirtschaftswissenschaften

Hoppe, Margret
Kaleri, Anna, 26 Jahre, studiert an einer Autorenschule in Leipzig
Kempf, Alexander
Krügel, Mareike, Studentin am Deutschen Literaturinstitut (2. Preis
Kurzgeschichte angehende Profis)
Kunsmann, Jeanette, 16 Jahre, Schülerin (1. Preis Lyrik)
Lang, Saskia
Lenz, Sophie, 19 Jahre, studiert Germanistik
Mannstein, Cellina (3. Preis Fotografie angehende Profis)
Moser, Tanja, 23 Jahre, Redakteurs-Ausbildung an der Journalisten-
schule und Studiengang Diplom-Journalistik an der LMU
Müller-Vogg, Nicoletta, 17 Jahre, Schülerin
Neeb, Gabi
Nohr, Julia, 25 Jahre, studierte an der Kunsthochschule für Medien in
Köln, arbeitet als Porträtfotografin und Cutterin, Drehbuchautorin
Pan, Kerstin zu (2. Preis Fotografie angehende Profis)
Pütten, Daniela van der, 19 Jahre, Schülerin
Rahnenführer, Jasmin
Rainer, Verena, 17 Jahre
Rameken, Gisela, Birgit Wudtke (1. Preis Fotografie angehende Profis)
Ruhose, Frederice, 23 Jahre, studiert vergleichende Literaturwissen-
schaften, Germanistik und Skandinavistik
Sahner, Elisa (1. Preis Fotografie Amateure)
Scheierl, Deborah, 14 Jahre, Schülerin
Schenkel, Sofie, 18 Jahre, Schülerin (3. Preis Kurzgeschichte
Anfänger)
Schultze, Stefanie, 19 Jahre, studiert Regionalwissenschaften
Nordamerika, Jura und Germanistik
Silli, Cornelia (3. Preis Lyrik)
Sokolović, Senka R. (3. Preis Fotografie Amateure)
Stammeier, Raphaela, 22 Jahre, studiert Kommunikations-Design
mit Schwerpunkt Fotodesign
Turina, Lana Lin
Wagner, Susanne
Wilhelm, Franziska, 18 Jahre (1. Preis Kurzgeschichte Anfänger)